应酬的艺术

肖潇————编著

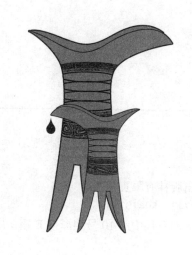

民主与建设出版社

· 北京 ·

图书在版编目（CIP）数据

应酬的艺术 / 肖潇编著 . -- 北京 : 民主与建设出
版社 , 2024.3

ISBN 978-7-5139-4535-6

Ⅰ . ①应… Ⅱ . ①肖… Ⅲ . ①人际关系－通俗读物
Ⅳ . ① C912.11-49

中国国家版本馆 CIP 数据核字（2024）第 053243 号

应酬的艺术
YINGCHOU DE YISHU

编　　著	肖　潇	
责任编辑	廖晓莹	
装帧设计	尧丽设计	
出版发行	民主与建设出版社有限责任公司	
电　　话	（010）59417747　59419778	
社　　址	北京市海淀区西三环中路 10 号望海楼 E 座 7 层	
邮　　编	100142	
印　　刷	衡水翔利印刷有限公司	
版　　次	2024 年 3 月第 1 版	
印　　次	2024 年 3 月第 1 次印刷	
开　　本	670mm×950mm　1/16	
印　　张	14	
字　　数	150 千字	
书　　号	ISBN 978-7-5139-4535-6	
定　　价	56.00 元	

前言

一次恰如其分的应酬，不仅能顺利扭转困境，还可能带来新的机遇。在如今这个社交多元化的时代，学会恰当地应酬，可以说是发展人际关系的必修课。无论是家庭聚餐、同学聚会，还是公司年会，对每个人来说都是无可回避的。在这些场合，我们既要注意自己的形象，又要积极维护与他人的关系。因此如何在应酬时表现得大方得体，就成了一个不容忽视的问题。

众所周知，我国是一个"民以食为天"的国家，自古以来，无论是在士大夫阶层还是在坊间市井，聚会宴饮都十分盛行。到了今天，人们对各种形式的宴会依然乐此不疲，并在宴饮礼仪的基础上，发展出许多新的应酬策略，在不同场合的宴会上，需要使用不同的语言、姿态以及沟通的技巧。可以说，如今的应酬已经成为一种社交的艺术。

中国人十分注重礼节，特别是宴会的礼节。许多人赴宴会的时候会感到无所适从，这种感觉并不是因为主人招呼不周，而是因为不确定自己的举止是否合乎人意，在别人心目中的形象是否会大打折扣。当然，这也体现了人们对人际交往的重视。要想在宴会上表现得风光得体，首先要拥有良好的教养和生活品位，这样才能给别人留下良好的第一印象，这对日后的交往非常重要。

俗话说，"一回生，二回熟"。请客吃饭也是如此，人与人之间的亲密关系是在无数次的应酬中建立起来的。只要你肯留心观察人们在宴会应酬中的细节，譬如别出心裁的宴请、细致入微的准备、优雅端庄的餐桌礼仪……你就不难发现，原来应酬的恰当与否，真的可以决定一个人的进退去留。

餐桌上的应酬除了礼节的标准外，饮酒也是一个不可忽视的部分。自古以来美酒就是一种交际的媒介，敬酒、陪酒、劝酒、挡酒、拒酒，每一个动作都代表着一种交际的方式。再配上祝酒的绝妙好词，气氛一下就达到了高潮。通过酒桌上的推杯换盏，足以让你读懂每个人的酒品、人品，进而选择合适的对象，拉近关系，搞好人脉，积攒人情。至于能否发挥最佳的功效，要看你的应酬策略是否得当。只要你能熟练掌握酒桌上的进退之道，相信很快就能"喝"出名堂。

人生在世，我们生活的世界异彩纷呈，我们身边的人也性格各异。宴会是社交的重要场所，在宴会应酬之中，你永远无法预知接下来将要面对怎样的局面，就像无法预知人生的下一步是踌躇满志还是彷徨失措。但无论如何，该面对还是要面对，脚步该踏出还是要踏出。从容不迫，处之泰然，既是一种人生的态度，也是一种应酬的艺术。

目录

第一章 ——

礼仪之邦的待客规矩

搭好介绍这座"桥"

在餐饮礼仪当中，介绍的礼仪是相当重要的一环。因为我们在任何场合、任何餐厅用餐，都有可能接触到一些素昧平生的人。通过介绍，可以结识新朋友和新的合作伙伴，也可以为谋求新的职业打开门路，开始新的里程。

介绍，是人与人之间相互交往的第一座桥梁，是拓展自己人际关系的第一步。从认识、握手到交换名片，如果每一个细节都能切实掌握好，将会使你在任何餐饮场合中，都能更自然、从容地进行交际，更好地展示良好的交际风度。

这天，公司举办商业酒会，各位业内人士都来参加了，作为公司的副总，陈初发可忙坏了，一会儿在这儿，一会儿在那儿，到处都是他爽朗的笑声。

"陈总啊，好久不见别来无恙啊？"一个端着酒杯的人来到他面前，笑容可掬地看着他。陈初发一看，原来是几年前曾经有过合作的李总。

他赶紧迎上去，一阵寒暄。两人聊得正起劲，另一个公司的老总也过来了，这个老总姓王，跟陈初发的公司一直在合作，陈初发当然不敢怠慢，握住王总的手，不停地问候，然后就把李总忘在一边了，李总的脸色很难看。

"这位是？"王总见陈初发忘了介绍，赶紧提醒陈初发，以免尴尬。

"真该死，忘了介绍两位认识了。"陈初发一拍自己的脑袋，自嘲地笑了笑，然后给二人互相做了个介绍，场面一下子缓和过来，李总的笑容又回到了脸上，三人一起聊着天，大有相见恨晚的感觉。

在宴会之上，介绍的基本方式有两种，即为他人做介绍和自我介绍。

一、为他人作介绍

（1）确定自己是不是合适的介绍人。在不同场合应由不同的人担任介绍人。在公务宴请中，公关人员是最适当的介绍人；在接待贵宾时，介绍人应为本单位职位最高的人士；在一般宴请场合，主人义不容辞应当做介绍人；在非正式宴请场合，与被介绍人双方都相识的人则应担任介绍人。

（2）注意介绍顺序。为他人作介绍时，记住一点——尊者居后，即把身份、地位较低的一方介绍给身份、地位较高的一方，以表示对尊者的敬重之意。在口头表达上应先称呼受尊敬的一方，再介绍被介绍者。所以，在介绍的顺序上应该为：将男士介绍给女士，将未婚者介绍给已婚者，将晚辈介绍给长辈，将职位低者介绍给职位高者，将客人介绍给主人，将个人介绍给团体。

（3）注意介绍姿势。作介绍时，介绍人应起立，行至被介绍人之间。在介绍一方时，应微笑着用自己的视线把另一方的注意力吸引过来。手的正确姿势应为手指并拢，掌心向上，胳膊略向外伸，指向被介绍者。作为介绍人，在为他人作介绍时，态度要热情友好。认认真真，不要敷衍了事或油腔滑调，也不要用手指对被介绍者指指点点。

（4）作为被介绍的一方，在被介绍时，应起立，用柔和、真诚、专一的目光注视对方；随介绍人的介绍，热情地与对方握手，点头致意，并用"您好""认识您很高兴"等语言来表示问候和真诚的态度。

（5）采用恰当的介绍语。介绍人在为他人作介绍时，语言宜短，内容宜简，并应该使用敬辞。比如："周小姐，让我来介绍一下，这位是我们单位的刘先生。""杨洁女士，我想请您认识一下韩光先生。""张师傅，让我介绍一下，这是我的同事李敏。""王总经理，请允许我介绍一下，这位是我们集团第一分公司新任经理张丰。"

若时间宽裕、气氛融洽，在为被介绍人作介绍时，除介绍姓名、单位、现任职务和与自己的关系外，还可介绍双方的爱好、特长、学历、荣誉等情况，为双方提供交谈的前提条件。

介绍语要清楚明白，不要含糊其词。凡是容易误解的地方都要加以解释，或做补充说明。如，"这位赵先生，是'作协'的"。如果被介绍者是文艺界以外的人士要做补充说明："'作协'就是中国作家协会。"避免出现由于介绍不详闹出笑话，把"作协"误认为"做鞋"。

（6）介绍要把握好分寸，不要过分地颂扬一个人。一般来讲，谦虚的人，即使在熟人面前，也不喜欢别人替他吹嘘，在新结识的人面前更是如此。不合时宜的吹捧会令被介绍人尴尬、不好意思，介绍人本人也会给人留下不良的印象，因此介绍时一定要掌握实事求是和适度的原则。

另外，作介绍前，应考虑被介绍人双方有无相识的必要与意愿，故可事先询问被介绍人的意见，以防作介绍时冷场。如"请允许我介绍你们认识一下"，然后再把双方的情况一一介绍。

二、自我介绍

在许多社交场合，为了多结交一些朋友或有意接触某人，需要主动趋前介绍自己给对方，这就是自我介绍。进行自我介绍时必须注意以下几方面。

（1）仪态大方，表情亲切。进行自我介绍时，必须举止、仪表庄重大方，表情坦然亲切，面带笑容、热情友好。讲到自己时可将右手放在自己的左胸上，切忌慌慌张张、不知所措或满不在乎。

（2）选准时机。当你进入新环境的时候，与陌生人初次见面时，必须及时、简要、明确地进行自我介绍，说明来历，让对方尽快了解你。相反，见面时，相互凝视半天，你仍沉默或前言不搭后语，对方会很不愉快，甚至会产生许多疑问，使对方不愿意与你交往。当然若对方正与他人交谈，或大家的精力正集中在某人、某事上，则不宜作自我介绍；而对方一人独处，或春风得意时，进行自我介绍则会产生良好效果。

（3）把握好分寸。自我介绍时措辞要适度，既不要过分炫耀自己的部门和本人，也不要过分自我贬低，而应实事求是、恰如其分地介绍自己，给人诚恳、坦率、可以信赖的印象。总之，自我介绍既要表现友好、自信和善解人意，又应力戒虚伪和媚俗。

（4）掌握介绍的基本程序。自我介绍时，介绍者就是当事人，其基本程序是先向对方点头致意，得到回应后再向对方报出自己的姓名、身份、单位及有关情况。介绍时语言要热情友好，充满自信，眼睛要注视对方。

（5）介绍内容要准确、恰当。在社交场合，自我介绍的内容大体由三个要素构成，即本人姓名、本人供职单位和本人职业（职务）。一般的自我介绍要将三者一气呵成，在初见面时，介绍要报姓名全称。如果对方表现出结识的热情和兴趣，还可以进一步介绍一下自己的学历、专长、兴趣、经历等。自我介绍的内容也可根据实际的需要决定繁简。

应酬策略

任何朋友，都是从陌生到熟悉，互相认识，逐步了解，最后才建立起感情的。人与人之间的相交，初次见面的印象很重要。如果介绍这座"桥"搭好了，那么就可能走了一条通往对方心灵的捷径，反之，则会有一下子被打入冷宫的危险。

座次安排应有序

中国素有"礼仪之邦"之称。"不学礼，无以立"，中国最早的礼中最重要的礼，可以说就是饮食之礼。检验一个人修养的最好场合，莫过于集群宴会。因此，"子能食食，教以右手"（《礼记·内则》），家庭启蒙礼教的第一课便是食礼。而中国宴会繁缛食礼的基础仪程和中心环节，即是宴席上的座次之礼——安席。史载，汉高祖刘邦的发迹就缘于他在沛县令的"重客"群豪宴会上旁若无人"坐上座"的行为。《史记·项羽本纪》中鸿门宴会的座次是一种规范："项王、项伯东向坐，亚父南向坐，亚父者，范增也。沛公北向坐，张良西向侍。"此即顾炎武所谓："古人之坐，以东向为尊。"这是室内设宴的座礼。

隋唐以后，出现了方形、矩形等形制餐桌，座次之道也随之改变。圆桌是为了满足聚会人数多和席面大的要求而产生的，如今在许多家庭中普遍使用，还有餐饮业及机关企业食堂的宴会，也经常使用圆桌。其座次一般是依餐厅或室的方位与装饰设计风格而定，或取向门、朝阳，或依厅室设计装饰风格所体现出的重心与突出位置设首位。通常服务员摆台时以口布折叠成花、鸟等造型，首位造型会非常醒目，使人一望而知。而隆重的大型宴会则往往在各餐台座位前预先摆放座位卡（席签），所发请柬上则标明与宴者的台号。这样或由司仪导引，或按图索骥、对号入座，自然不易出错。

　　一次，小西参加别人的70岁大寿的生日宴会，由于堵车迟到，小西到现场时参加宴会的人已经来得差不多了。小西想趁着没人注意，闪进场再找个空位坐下来，可是目光所及之处都是人，根本不见有空位。突然，小西看到一个空座，他赶紧三步并作两步，以迅雷不及掩耳之势入座，并与同桌的客人打招呼，同桌的客人尽管都给予了回应，但表情都十分尴尬。小西只当那不过是别人不认识自己的正常反应，也就不多想了，安下心来等待开席。过了一会儿，小西感觉众人都将目光转向他，心里正纳闷呢，这时，有一位先生指了指他身后，小西转过身一看，只见后方墙壁上竟挂着巨大的红色"寿"字，原来小西情急之下竟坐了寿星公的位置，他顿时感到脸上火辣辣的，尴尬地站了起来，在好心人的指点下找了个角落的位置坐下。小西心想："唉！要是有个地洞，我一定钻进去。万众瞩目啊！脸丢大了！"

　　小西由于疏忽大意，一不小心，喧宾夺主，惹来众人"关注"的眼光，场面好不尴尬。尽管小西此举是无心之过，可在场的其他与宴者不会这么认为，他们只会觉得小西是个不懂座次之礼的人。何为座次之礼呢？在我们参加宴会时，除了要知道自己当天所扮演的角色外，还要了解男女主人在餐桌上的位置、男女主宾的位置，以及其他男女陪客的位置，然后再按照自己所扮演的角色入座，切不可像小西一样做出喧宾夺主的行为来。

在中国的饮食礼仪中，坐在哪里非常重要，宴席位次的设定，属约定俗成，故其时空差异性较大，而依我国时下理念习尚，则首论职务尊卑，次叙年齿，后及性别（先女后男）。当然，这都是首席座位确定之后再循行的一般模式。

坐在主座上的通常是买单的人。主座是指距离门口最远的正中央位置；主座的对面坐的是邀请人的助理，主宾和副主宾分别坐在邀请人的右侧和左侧，居第三位；第四位的客人分别坐在助理的右侧和左侧。让邀请人和客人面对而坐，或让客人坐在主桌上都算失礼，中国的文化 讲究不让客人感到紧张。

中国人传统上用八仙桌。对门为上，两边为偏座。请客时，年长者、主宾或地位高的人坐上座，男女主人或陪客者坐下座，其余客人按顺序坐偏座。在中国，左为尊，右为次；上为尊，下为次；中为尊，偏为次。而在西方，右为尊，左为次。邀请人可以指定客人的座位，自己的部下或晚辈也可被安排在比自己更重要的位置上，通过分配座位，以暗示谁对自己最重要。

应酬策略

　　中国历来就是礼仪之邦，讲究尊卑有别，长幼有序。参加宴会的时候，除了要知道自己当天所扮演的角色外，也要了解男女主人在餐桌上的位置、男女主宾的位置，以及其他男女陪客的位置。然后按照自己扮演的角色入座，才不致失礼。

入座礼仪显优雅

每次参加宴请，总免不了在座位的话题上礼让一番，这是中国人吃饭前的重要仪式。少了这个仪式，让大家随便坐了，坐主位者便显得太狂妄尊大，坐次座的人自然也会心中不忿，如此这般的各自心有千千结，也不能胃口大开吃顿好饭。所以，入座的礼仪十分重要。

徐子杰是部门里新来的同事，温文尔雅，风流倜傥，他一来就引起了办公室里一群女人的八卦，其中也不乏为他大犯花痴的小女生。这天部门聚餐，同事们都三五成群地一起边聊天边向饭店走，徐子杰自然被一伙女同事包围，大家你一言我一语的极尽八卦之能事，热热闹闹，倒也开心。

走到包间门口，有很多走得快的同事已经先行入座了，徐子杰心想，"大家都是同事，应该不讲究什么吧"，也许是走累了，他看见一个座位就大大咧咧地自行坐下了，并且瘫坐的姿势十分颓废，怎么也不像平时那个精神的小伙子。而其他同事看女士进来了，都纷纷站起来，帮女同事拉凳子，帮助她们入座之后自己才坐下。徐子杰一时之间顿觉尴尬，因为一时疏忽，让自己的绅士风度尽失。

一个不懂礼仪的人会被人贴上粗俗没品位的标签，所以，在特定的场合一定要适当地注意自己的言行举止，尤其是在参加宴会的时候，否则会有伤大雅。那么，到底怎么坐才不会失礼呢？

一、选择恰当的位置，优雅入座

（1）客人到达自己的位子后，一屁股坐下来，是相当不礼貌的行为。正确的入座方式为从左侧入座，先用一只脚跨入桌椅间的空隙，另一只脚再随后跟上。等到双脚到达定位后，上半身保持挺直，下半身弯曲垂直坐下。

（2）赴宴入座时不可一见空位就自行坐下，高级饭店往往是由服务员带路入座，以免坐错席位。如是参加宴会，进入宴会厅之前，应先了解自己的桌次和座位，入座时注意桌上座位卡是否写着自己的名字，不要随意乱坐。

（3）应听从主人安排，按主方给定的座位就座。不要随心所欲地寻找熟人或与想要结识的人为邻，或过分客气，以至于拉拉扯扯。另外，入座时，应让年长者、地位高者和女士优先，如邻座是年长者或妇女，应主动协助他们先坐下。然后，自己以右手拉开椅子，从椅子左边入座。同时，应与同桌点头致意。

（4）中式的宴会，多采用圆桌。但每桌照例有一个主人或招待者，在主人两旁的座位，一般是留给上宾或主客的。如不是主人邀请，则不宜选此座。

（5）工作餐是一种非正式的商务宴请，对于座次的安排一般没有严格的要求，双方可自由入座。但出于礼貌，主人应等客人落座后再坐，且应把座向较好的位置让给客人。如果主人与客人为同性时，主人可坐于客人的对面，也可坐于客人左侧。客人为异性时，主人应选择客人对面的位置。

（6）如果你是第一个走近桌子的人，那就顺势向里移，以方便其他人就座。在餐厅用餐，当人多椅子不够用时不可乱拉旁桌的椅子，应请服务员协助搬取足量的椅子，或另找个宽敞的餐桌落座。

二、妥善安置自己的私人物品

手提包、手套、钥匙、打火机、香烟等私人物品，不要放在桌上，因为餐桌只是用餐的地方，放上私人东西，妨碍他人用餐，十分不礼貌。那么应该放在哪里呢？

在较高级的餐厅用餐，餐厅都会备有衣帽间，像大衣、外套、伞具、包裹等物，皆可交给服务员放置于衣帽间，避免弄脏衣物，也可让自己身手利落。取回时记得给服务员小费。也可将手套等零碎物品放进手提包里，放在椅脚前下方。可能有很多人不习惯把手提包放在地板上，这时，你可以把手提包放在背后和椅子之间或大腿上（餐巾下）。若是邻座没有人，也可以放置在椅子上，或挂在皮包架上。

三、在餐桌上保持良好的坐姿

坐在餐桌上的时候，身体保持挺直，两脚齐放在地板上。当然，这并不是要求在餐桌上必须像军校的学生一般，坐得像枪杆一样笔直，不过也不能像布娃娃一样，弯腰驼背地瘫在座位上。

用餐时，上臂和背部要靠到椅背，腹部和桌子保持约一个拳头的距离。两脚交叉的坐姿最好避免。在上菜的空当儿，把一只手或两只手的手肘撑在桌面上，并无伤大雅，因为这是正在热烈与人交谈的人自然而然会摆出来的姿势。不过，吃东西时，手肘最好还是要离开桌面。如果两个胳膊不顾一切地往外张开，使得左右两边的同席者感到不便，这样是很不礼貌的。

暂停用餐时，双手如何摆放可以有多种选择。可以把双手放在桌面上，以手腕底部抵住桌子边缘；也可以把手放在桌面下的膝盖上，双手保持静止不动。不管怎样，这样可能比用手去拨弄盘中的食物，或玩弄头发要好得多了。

另外，在餐厅就餐也应该尊重其他的用餐者。用餐的时候最好把手机铃声关掉，然后大体留意一下周围环境的喧闹程度。不要盯着其他人看，并且绝对不要窃听。尽管如此，饭店仍是公共场所，你绝对有权享受欢声笑语，所以也不必默不作声。

应酬策略

　　坐姿和站姿一样，都决定着一个人的形象气质。在宴会之上，虽然不要求站如松，坐如钟，但弯腰驼背却不雅观，所以，不管多么不习惯，也要保持良好的坐姿。当然，在有的私人宴会上，大家则可以不必如此拘谨。

巧递名片展风度

认识一个人有许多不同的方式，如观察对方的外表与打扮、自我介绍、交谈等，而交换名片则是初次见面时可以粗浅地了解对方又能稍稍拉近彼此之间的距离的一种办法。通过名片我们会知道对方的名字、服务的场所、职位、联络方式等，可算是一个建立人际关系网络数据库的好帮手，名片所代表的是自己本身，用应有的礼貌交换名片，是尊重自己也是尊重他人的表现。但是，不是每个人都了解这方面的一些细节和礼仪，如果一时大意很有可能在不知不觉中将可能相交的人得罪了。

一天，林嘉参加一场同行举行的商业酒会，很多业内人士都来参加了，彼此不熟悉的人都礼貌地握手、打招呼、彼此交换名片，以期待创造可能合作的机会，林嘉也不例外。

那天来的人实在是太多了，收到的名片也太多了，没多久林嘉的名片夹就放不下了，他只好把对方的名片顺手塞进裤兜里，以便腾出手来接下更多的名片。可是，当他再次将一个人的名片塞进裤兜的时候，林嘉丝毫没有注意，在他转身的一瞬间，对方的脸沉了下来。

人们在参加商务宴会时，大都会互赠名片，这是一种很平常的行为，但却有着十分重要的意义。首先，名片可以记录你所遇到的人，而且更为重要的，它们是你与名片主人进一步联系的依据。这些小小的名片很有可能成为你日后成功的垫脚石。那么，在你与别人交换名片时，就一定要注意一些小细节，不可随意对待别人递过来的名片。如果像林嘉那样顺手将别人的名片塞进裤兜，常常容易得罪人而不自知。

既然交换名片如此重要，那么，在互相赠送名片时我们都应该注意什么呢？

一、发送名片不可贪早

名片交换礼节的第一步是选择适当的时候交换名片，除非对方要求，否则不要在年长的上级面前主动出示名片，那样显得十分不礼貌。在一群陌生人中最好不要到处传发自己的名片，那样会让别人误以为你是个低素质的推销员，只会鄙视你。因此，在商业社交活动中要有选择地发送名片。

假如你所面对的是一群不认识的人，那么最好等别人先发送名片。名片的发送可在刚见面或告别时，但如果你即将发表自己的意见，就应该在说话之前发名片给周围的人，这样可以有助于他们认识你。

如果你出席重大的社交活动，那么一定要事先准备好名片。交换名片时如果名片已用完，可用干净的纸代替，在上面写下个人资料，不可随便写在别人的名片后面代替，那只会显得你不尊重对方。

二、递交名片忌随意

递送名片给别人时，不可随随便便，要郑重其事，应该起身站立，走上前去，使用双手或者右手，将名片正面朝上，递交给对方。此外，不要用手指夹着名片递给别人，那样会显得你很轻浮且不尊重对方。还有，不要将名片举得高于胸部，也不能低于腰部。如果你所面对的是少数民族或外宾，最好将名片上印有对方认得的文字那一面面对对方。将名片递给他人时，应该说"请多指教""多多关照""今后保持联系"，或是先向对方做一下自我介绍。

三、恭敬地接受别人的名片

当别人要递交名片给你或者与你交换名片时，你应立即停止手上所做的一切事情。如果手上有东西应该立刻放下，起身站立，面带微笑，目视对方。接受名片时应该双手捧接，或以右手接过，切勿单用左手接过。

在你接过对方的名片后，要立即用半分钟左右的时间，从头至尾将其认真默读一遍，意在表示尊重和重视对方。接受他人名片时，应口头道谢，或重复对方所使用的谦辞敬语，如"请您多关照""请您多指教"，不可一言不发。若需要当场将自己的名片递过去，最好在收好对方名片后再给，不要左右开弓，一来一往同时进行，那样容易出现交叉递送的错误而造成尴尬。

当你看过名片后，应细心地将名片放入上衣口袋或者名片夹中。若接过他人的名片后在手头把玩，或随便放在桌上，或装入臀部的口袋，或交与他人，都是十分失礼的行为。

除此之外，不要弄脏名片，不要在用餐时发送名片，切忌折皱、玩耍对方的名片，更不要在别人的名片上做标记，因为类似的做法都会引起对方的反感，导致你社交的失败。

应酬策略

对于商界人士来说，名片对于每个人都是很重要的，在交换名片的时候做得恰当不失礼节，可以为你在无形之中拉近彼此的距离，为你树立好形象，从而进一步为你所在的公司带来效益，反之，则会失去可能带来的机会。

会客收起小聪明

也许你上知天文下知地理，博古通今，聪慧机灵，可在宴会之上，你还是应该适时地把自己的聪明收起来，因为没有谁喜欢咄咄逼人、争强好胜的人。

很多人在生活中，眼里容不下半粒沙子，也许是好强的天性使然吧！得理不饶人的他们在任何时候都不认输，总是表现出一副咄咄逼人的气势。这样的人在生活中往往不受人欢迎，甚至到了让人生厌的地步。

一个人要懂得做事，更要深谙做人之道，前进之路才能畅通无阻。一定要明白，没有哪个上司喜欢让别人把自己紧紧地攥在手中，甘心俯首称臣。如果你比他更有远见卓识，会在很大程度上打击上司的自信心。宴会是个小圈子，在这个圈子里有主角配角之分，所以，我们要分清自己的角色，不要自作聪明、喧宾夺主，有的时候装回傻也不见得是坏事，我们要明白水至清则无鱼，人至察则无徒的道理。

徐然今年已经35岁了，虽然他有足够的工作经验和聪明才干，人也长得风度翩翩，但是至今却事业无成。徐然很不明白，自己兢兢业业地工作，主意比别人出得多，干也不比别人干得少，每次升迁都没有自己的份儿，反倒是那些庸碌之辈，只懂得溜须拍马的人位居自己之上了，这让徐然很气恼。

齐悦是徐然大学时的同学，因为家境不错，大学毕业后就出国留学了，回国之后就开起了自己的公司，通过几年的打拼，公司发展还不错，听说老同学一直不得志，于是想约他出来谈谈心。

两个老同学见面，总免不了要喝几杯。饭桌上，徐然不停地抱怨，满脸愁苦。其实，这次宴会齐悦也是别有用心，他一直都知道徐然是个人才，想找机会把他挖到自己的公司来，看到徐然这样，便趁机说道："老同学啊，像你这样的人才，的确不应该埋没，难道你就没有想过找别的出路吗？"

"怎么没有想过，我也跳过好几次槽了，都是那样，出力不讨好。"徐然说完将杯子里的酒一饮而尽。

齐悦将徐然的杯子满上，试探着说："要不，你来我公司吧，刚好我们市场部缺一个经理。"

徐然哈哈一笑说："看来你这几年混得真不错，出手也那么大方，竟然一下子就给我个经理当，不要开这样的玩笑，我可会当真的。"

齐悦也就不拐弯抹角了："我是说真的，你愿意来帮我吗？"

徐然见齐悦不是开玩笑，也许是酒精作用，也许是多年不得志挤压的愁苦，他没有考虑，当时就答应了齐悦。齐悦的确没有看走眼，徐然睿智而又有远见卓识，再加上丰富的经验，总是能提前做出正确的判断。

这天，齐悦要宴请一个重要客户，于是让徐然作陪。宴会定在最高档的酒店里，除了徐然之外还有几个人作陪，宾主之间把酒言欢，其乐融融。酒至半酣，那个客户将手搭在齐悦的肩上，略带醉意地说："五花马，千金裘，呼儿将出换美酒！酒真是个好东西，也难怪诗仙杜甫连好马也不要了。"听了客户的话，有的说客户说得有道理，也有的说客户真是高雅之人……只有徐然大声说："老兄，不对吧，什么时候诗仙变成杜甫了。"众人停顿了一秒，客户的脸变成了酱紫色，齐悦见势头不对，赶紧将酒杯端起来说："管他什么诗仙不诗仙的，我们干了这杯，大家都是酒仙。"于是大家都频频举杯，将事情一带而过，徐然还在那里跟身边的人解释，齐悦忙用眼色制止。

后来齐悦又带徐然赴了几次宴会，经过更深入的了解，齐悦终于发现了徐然事业不顺的症结所在，不是他的运气差，也不是那些公司的领导没有眼光，而是徐然的性格的确让人难以忍受。

渐渐地，齐悦也不太喜欢带徐然赴宴了，不是所有的事情都是商务谈判，日常小事又不是什么原则性问题，出点错误大家一笑带过就好，何必咄咄逼人呢？

现实生活中，我们常会发现那些学历智商非常高、能力非常强、极精明的人，往往得不到上司的青睐。其症结就和徐然差不多。可以说，在宴会之上，往往决定一个人的成败，太过锋芒毕露、锱铢必较会让你失去一次又一次的机会。

饭桌是社会的缩影，饭桌上处处是玄机。有些宴会，看着一大桌子人，其实主角只有一个，其他人都是陪衬。主人之所以要开这个宴会，目的就是请这个主角，或为办事，或为还情，反正一切都是为了他。来吃饭的人当然也都明白其中的道理，大家都帮着主人给这位主角面子。要是有哪个不识相的抢了风头，不但主角不高兴，连做东的主人也不高兴。

所以，要想得到上司的赏识，记得要敛起自己的锋芒。学会尽量在上司和客户面前低调一点，看穿却不说穿，才是在职场中翻云覆雨的王道。特别是在宴会之上，这个时候是一个轻松自在的氛围，很多人都容易疏忽，以为大家都兄弟相称就真成了自己的兄弟，于是口无遮拦，大大咧咧，甚至是为了一件小事和上司争得面红耳赤，这些都可能为你以后在工作中麻烦不断埋下伏笔。

总之，真正的社交高手，不会因为自己一时一刻的争强好胜得罪别人，他懂得给别人留下一点回旋余地，让那种明了一切却不点破的拈花微笑，成为自己独特的魅力。

应酬策略

　　生活并不是研究学术问题，也不用那么精准无误，要懂得变通，懂得适当地调整自己的心态。如果不是一些原则性的问题，就算你眼光锐利，洞悉一切，你仍可以笑笑，傻傻地说："哦！原来是这样。"给对方留一条后路，你会发现，在你以后的生活中会出现很多路。

离席务必打招呼

当你参加宴会时，不管是中途离席，还是宴会结束后离席，都不能悄无声息地离开。常见一些宴会进行得正热烈的时候，因为有人想离开，而引起众人一哄而散的结果，使主办人急得直跳脚。还有一些人酒足饭饱之后，连声招呼都不打就离开了，弄得主办人很不高兴。宴会上一定要注意避免这类煞风景的后果，因此，当你要离开时，一定要掌握一些技巧，以免引起主人的不快。

那天是朋友的生日，小冉和一帮朋友都去了，朋友很高兴，大家也好久没有在一起聚过了，气氛相当好，于是大家商议着吃完饭再去KTV唱歌，大学时同宿舍的小璐却期期艾艾地说她明天还得去公司加班，大家嗤之以鼻，都嚷嚷着说："都周六了加什么班呢，你可别扫大家的兴。"小璐虽然面带难色，但也没有再说什么。

二十来个男男女女，你一言我一语，边喝边聊，好不容易才从饭店撤出来，大家数着有多少人，然后再计划打几辆车，这个时候，小冉突然发现小璐不见了，大家以为她上厕所去了，还没有出来，可是等了很久都不见她出来，看着有几个朋友不耐烦了，小冉便打了电话。电话通了，小璐很久才接，小冉催她快来，说大家都在等她，没有想到小璐却回答说她早就回去了，她不喜欢太吵，怕大家硬拖着她去唱歌就悄悄走了。

当小冉把小璐已经回去的事情说出来的时候，那位朋友倒没有说什么，但是其他人却议论纷纷，都说："这都什么人啊，不想去大家也不会强迫的，走了好歹也得打个招呼啊，害得大家都跟个傻子似的白等。"

也许小璐是真的有不得已的苦衷，不能等到宴会彻底结束。其实，人们都是通情达理的，实在有事不得不中途离开可以和大家商量，相信大家都会谅解你。但是，小璐的做法却是相当失礼的，悄无声息地离开是对主人的不尊重，更何况让其他与宴者白白等了这么久。

一、中途离席时的礼节

下面就给大家说说中途离席怎样才能不算失礼吧！

（1）选择适当时机告别。当有人中途离席时，整个气氛势必会受影响，谈话也会被迫中止，转而将视线集中在那些离席的人身上。所以一定要注意选择告辞时机，不要在大家聊天聊得正热烈时或重要的事情还未宣布前就离开。

（2）不可不知会一声而自行离开。客人如确有急事需先行告辞，应向主人说明原因，表示歉意；同时，为了不影响他人，可以请同桌其他的人待久一点，继续刚刚的话题，同时表示歉意，说明自己是真的有要事在身必须先告辞，不是故意要扫大家的兴。

二、宴请结束时离席的礼节

中途离席需要注意上面这些礼节，那么，宴请结束时离席我们就可以一哄而散了吗？当然不是，这个时候保持礼仪是对主人最好的尊重。那么，我们该怎么做呢？

（1）掌握宴请结束的时间。一般宴会，主人把餐巾放在桌子上或者从餐桌旁站起身来就表明，宴会结束了。只有看到这种信号以后，宾客才可以把自己的餐巾放下，站起身来。

出席鸡尾酒会的客人应按请帖上写明的时间起身告辞。如果接到的是口头邀请（因此没有说明时间），则应该认为酒会将进行两个小时。如果有一位客人迟迟不走，而主人又另有晚餐之约，那主人就应该婉转说明。

正餐之后的酒会的告辞时间按常识而定，如果酒会不是在周末举行，那就意味着告辞时间应在晚间11时至午夜之间。若是周末，则可更晚一些。除非客人是主人的亲密朋友，一般都不应在酒会的最后阶段还心安理得地坐在那里。

如果是工作餐，更应该注意适可而止。依照常规，拟议的问题一旦谈妥，工作餐即可告终。在一般情况下，宾主双方均可首先提议终止用餐。主人将餐巾放回餐桌之上，或是吩咐侍者来为自己结账；客人长时间地默默无语，或是反复地看表，都是在向对方发出"用餐可以到此结束"的信号。只是在此问题上，主人往往需要负起更大的责任。尤其是在客人需要"赶点"去忙别的事情，或者宾主双方接下来还有其他事要办时，主人更是应当掌握好时间，使工作餐适时地宣告结束。

（2）注意离席礼节。首先，注意离席顺序。离席时让身份高者、年长者和妇女先走，贵宾一般是第一位告辞的人。身份同等可同时离座。

其次，起身要轻稳。离开餐桌时，不应把座椅拉开就走，而应把椅子再挪回原处；男士应该帮助身边的女士移开座椅，然后再把座椅放回餐桌边。要注意，有些餐厅比较拥挤，椅背紧靠，贸然起身，会使手提包、衣服等掉在地上，或是碰到人，打翻茶水、菜肴，失礼又尴尬！所以动作要缓慢轻稳，不能猛起猛出，最好不发出声响。

再次，正确的离席方向。同入座一样，坚持"左入左出"，礼貌离座。

最后，从容稳健地离开。离座要自然稳当，右脚向后收半步，然后起立，起立后右脚与左脚并齐，再从容移步。站好再走是动作稳健的体现，而匆忙离去或跌跌撞撞，则是举止轻浮的表现。

（3）热情话别。散席时，客人要向主人表达谢意，然后握手告别，并与其他的客人告别。

不管是什么人，只要你参加了宴会，就有责任为自己的出席画上圆满的句号，否则虎头蛇尾只会给别人留下不好的印象，在日后的社交中埋下种种隐患。

应酬策略

应邀赴宴的时候要有礼貌，宴会散场之后的礼仪也不能丢，这才算粉墨登场，华丽谢幕。做一个宴会完美的终结者，才能为下一次宴会的开始做铺垫，所以，散场之时更要知礼、懂礼。

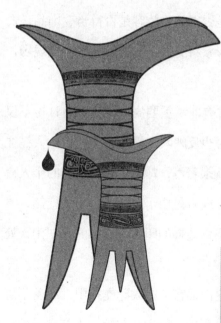

第二章

注重个人仪态，做好宴会主角

人靠衣装马靠鞍

在社交场合中，人们常常根据对方的外貌、举止、谈吐、服饰等外在形象做出初步评价和形成某种印象，即第一印象。赶赴任何宴会，你都要注意自己的着装是否得体、妆容是否得当、饰品是否符合身份等，因为良好的外在形象将有助于你玩转整个宴会现场，成为宴会上最受欢迎的人。

服装在我们的日常生活中占有非常重要的地位。穿着打扮不仅反映一个人的修养、职业，同时也反映其个性与心理。有些人往往缺乏主见，别人穿什么，自己就跟着学，却忘了考虑自己的个人喜好和身份地位，往往弄巧成拙。或者是由于方便或是习惯使然，着装不分场合，千篇一律，给人不修边幅的印象。这样的人在为人处世上很难左右逢源。

衣着打扮也是一种语言，这门语言，在人际交往中，有着不可估量的作用。在与人打交道的过程中，特别是与陌生人初次见面，对方就是从衣着上来获取你的内部信息的。

秦淮属于IT行业里的"金领"一族，很有工作能力，然而生活里他是个不拘小节的人，整天一身牛仔服，从未想过个人形象这回事。

有一次，公司举行周年庆，邀请了市里的几位领导以及一些重要客户。晚宴上秦淮依旧穿的是那套行头。他刚进场，负责接待的公关部经理就皱起了眉头，说："秦淮，不是早就通知了，今天的酒会要正装出席的吗？怎么你还是这样啊？"秦淮呵呵一笑，说："我一个技术人员，又不是领导，还着什么盛装啊！再说了，我就只有这样的衣服，跟你一样穿西服我浑身不自在，还是这样好，而且我习惯了。"公关部经理语重心长地说："平常也就算了，今天来了这么多重要客人，你穿成这样，老板的面子下不来啊！你还是别过去了。"秦淮不听劝告，径直向老板走去，老板看见他勉强说了几句，就转身走向其他员工了。

现场的其他人也都以异样的眼光看着秦淮，没有人主动上来与他交谈，甚至很多同事竟装作不认识他，令秦淮十分尴尬。

常言道，"人靠衣装马靠鞍"。秦淮的不修边幅，使他在宴会中遭遇尴尬和冷遇，根本不可能玩转宴会现场，这一切皆因他的着装暴露出他不严谨的生活态度，也是不懂得尊重他人的表现。

在正式的社交场合中，服饰被赋予了更多的内容。它不仅是一块"遮羞布"，而且传达着很多的信息，比如个人的品位、性格、态度。商务宴请当然不是为了吃饭而吃饭，它作为人际交往的平台，是展现个人修养的舞台，而服饰则可以看作舞台上的戏服，如何着装直接对你的角色进行了定位，决定了你能否成事。

为了让你在宴会上体现完美的自我，轻松成事，这里向你推荐几个赴宴的着装方法。

一、应同事之邀

如果是公司同人所参加的晚宴，除了参考邀请函上是否有服装要求外，应尽可能了解主人的衣着品位，是正装还是晚礼服，或小礼服？还有参与宴会的上司的可能穿着。如此，自己才可做适宜的打扮，千万别随兴而至，很可能抢主人或上司们的风采，或因太随便而失礼了。

二、应朋友之邀

如果是一般朋友聚餐或普通邀宴，女性可以穿着较柔和的套装或亮丽浪漫的洋装，再搭配合宜而具女性风格的手提包，将能营造温馨亲切的聚餐气氛。

三、参加喜宴

如果是参加喜宴，新人当然应以大礼服的主角身份出席，而双方父母，则是第二主角的身份，自然也应以正式宴会服出席。男士着深色西装及色彩协调的衬衫领带，并配上主婚人的胸花。女士则以中式旗袍装、组合长裙式的宴会装为主，由于须佩戴主婚人的胸花，所以，其他饰品的装饰，须以造型简单、多不如巧为原则。一般人员可选择一套合宜的套装，套装的风格和颜色都很重要。若平时非常喜欢穿着暗色或中性色彩服装，此时就要特别挑选一些具有喜气的暖色调衣服，例如枣红或砖红，既不会喧宾夺主，又非常适合当时的气氛。

四、商务宴请

商务宴请一般要求着正装，西装是当前最常见、最标准、男女皆宜的礼服。参加商务宴会，只要选择一套适合自己的西装，把自己打扮得稳重高雅、自然潇洒即可。

另外，无论天气如何炎热，也不能当众解开纽扣脱下衣服。小型便宴如主人请客人宽衣，男宾可脱下外衣搭在椅背上。

总而言之，为了给所有与宴者留下好印象，玩转宴会现场，切忌不修边幅前去赴宴，而要做好宴请的着装准备，做宴会现场的完美绅士。

应酬策略

对于男士而言，宴会上的着装搭配极其重要，西装、领带、衬衫、腰带、袜子、鞋的搭配要适合自己的肤色、年龄、职业和性格特点，要让自己的造型简洁清爽；对女士来说，除了合宜的服装、适当的彩妆之外，整体的饰品搭配也是相当重要的。另外，不管男士女士，装扮都无须过于浮华，给人留下暴发户的印象。

淡妆浓抹总相宜

有人说："漂亮的外貌是一张特别通行证。"这话虽不完全正确，但商务应酬中，你若保持漂亮怡人的容貌，在人际交往中就比较容易获得他人的好感，有利于商务应酬活动的开展。

天生丽质的人毕竟是少数，而且岁月不饶人。俗话说得好："三分靠长相，七分靠打扮。"自然美给人以朴素、纯真的美感，而化妆有锦上添花的作用。女人化妆，目的是给人以清洁、健康、漂亮的印象，虽然商务应酬场上的女人年龄、行业各异，但都要注意根据自己的脸形、性格、气质等条件来选择适合的妆容，这样才能吸引他人的目光。

小可是公认的宴会女王，每次出席宴会都会给人留下无可挑剔的美好印象。最近一段时间，因为失恋，小可的心情很不好，干什么都提不起劲儿来，好友美菱为了让她早日从失恋的阴影中走出来，执意邀她出席一个宴会。

没有想到的是，这次出现在美菱面前的不是往日的宴会女王小可，而是一个活脱脱的怨妇，虽然穿着名家设计的黑色晚礼服，戴着价值百万的首饰，但是素面朝天的面容却稍显苍白，更要命的是因为持续很长时间的失眠，她的黑眼圈异常明显。

美菱看见她这个样子，赶紧把她拉到一边说："你怎么没化妆就来了啊？你知不知道你的气色很差？"小可掏出镜子来一看，自己也吓了一跳，再看了看周围，所有的女士都光彩夺目的，小可赶紧拿出腮红在脸上扑了扑，希望自己的气色能好一点，美菱慌忙拉住她说："你稍微注意点，这么多人在呢，还是去化妆间弄吧。"小可不以为意地说："没事，大家都很忙，不会注意到我的，你帮我挡挡就好了。"说完小可还拿出了粉饼，希望能把黑眼圈遮遮。周围其他人都不约而同地向小可投去鄙夷的眼神，场面十分尴尬。

商务应酬的场合中，女士在他人面前，尤其是在男士面前化妆是极其不礼貌的行为。当女士发现自己需要补妆时，应选择到化妆室或盥洗室进行。此外，尽量不要在人前有整理头发、整理衣服、照镜子等行为。否则，就会像小可这样，给人留下缺乏基本素养、没有品位的印象。另外，在商务应酬的场合中，如能选择一个适宜的妆容，则必定能为自己的商务形象大大加分，在他人心目中留下美好的印象，促进彼此商业合作的顺利发展。

不同的脸形有着不同的化妆方法。商务女士根据自己的脸形来选择适宜的妆容，才能为自己的形象加分。

一、椭圆形脸

一般来说，椭圆形脸可谓公认的理想脸形，化妆时宜注意保持其自然形状，突出其可爱之处。胭脂，应涂在颊骨的最高处，然后向上向外揉化开；唇膏应尽量按自然唇形涂抹（除唇形有缺陷外）；眉毛可顺着眼睛的轮廓修成弧形，眉头应与内眼角齐，眉尾可稍长于外眼角。

二、圆形脸

圆形脸往往给人以可爱、玲珑之感，胭脂的涂抹可从颧骨起涂至下颌部，切不能简单地在颧骨突出部位涂成圆形。上嘴唇可用唇膏涂成浅浅的弓形，但不能涂成圆形，否则有圆上加圆之感。可用暗色调粉底，沿额头靠近发际处起向下窄窄地涂抹，至颧骨部下可加宽涂抹的面积，造成脸部亮度自颧骨以下逐步集中于鼻子、嘴唇、下巴附近部位。眉毛可修成自然的弧形，可做少许弯曲。

三、方形脸

方形脸的商务人员在化妆时，要设法加以掩蔽，增加其柔和感。胭脂宜涂抹得与眼部平行，切忌涂在颧骨最突出处。可用暗色调粉底在颧骨最宽处造成阴影，令其方正感减弱。下颌部宜用大面积的暗色调粉底制造阴影，从而改变面部轮廓。唇膏可涂丰满一些，增加柔和感。眉毛宜修得稍宽一些，眉形可稍带弯曲，不宜有角。

四、长形脸

长形脸的商务人员，在化妆时力求达到：增加面部的宽度，弥补脸形的过长。胭脂的涂抹应注意离鼻子稍远些，从而可以在视觉上拉宽面部。涂抹时，可沿颧骨的最高处与太阳穴下方所构成的曲线部位，向外、向上抹开。双颊下陷或者额部窄小者，应在双颊和额部涂以浅色调的粉底，造成光影，使之看起来丰满一些。在修正眉毛时应令其成弧形，切不可修成有棱有角的，位置不宜太高，眉尾切忌高翘。

五、三角形脸

三角形脸的特点是额部较窄而两腮较阔，整个脸部呈上小下宽状。因此，化妆时应将下部的宽角"削"去，从而使脸形变成椭圆状。胭脂可由外眼角处起始，向下抹涂，令脸部上半部分稍拉宽。可用较深色调的粉底在两腮部位涂抹、掩饰。眉毛宜保持自然状态，不可太平直或太弯曲。

六、倒三角形脸

人们常说的"瓜子脸""心形脸"，即是倒三角形脸。这种脸形的特点是额部较宽大而两腮较窄小，呈上阔下窄状。化妆时，掌握的诀窍恰恰与三角形脸相似，而修饰部分正好相反。胭脂应涂在颧骨最突出处，而后向上、向外揉开。可用较深色调的粉底涂在过宽的额头两侧，而用较浅的粉底涂抹在两腮及下巴处，形成掩饰上部、突出下部的效果。宜用稍亮些的唇膏来加强柔和感，唇形宜稍宽厚些。眉毛应顺着眼部轮廓修成自然的眉形，眉尾不可上翘，描时从眉心到眉尾宜由深渐浅。

　　一般来说，商务应酬场合中，女士的妆容宜淡不宜浓，而如何化好淡妆，只需这样几个简单的步骤：洗脸后在脸上抹比自己肤色稍浅的粉底霜，使脸色增加一层光泽；涂抹一层薄薄的眼影，若是戴眼镜，可以稍浓一些，一般情况不必画眼线；年轻人宜用亮色的口红，随着年龄的增长，颜色宜改用浅色系列和褐色系列。

　　此外，整个人的化妆与服装、配饰颜色要协调。一般来说，如果眼妆是蓝色系列的话，口红应用粉红色的；若用绿色或褐色系列的眼妆，则用橙色口红。日间化妆以淡雅为宜，夜间可稍浓艳。

　　最后，大家应谨记的是，在商务应酬的场合中非议他人的妆容，借用他人的化妆品，都是失礼的行为。

应酬策略

　　三分靠长相，七分靠打扮，参加宴会的时候，给自己化一个精致的妆容，既是给自己增加风采，也是对其他与宴者的尊重。作为一个文明的现代"食者"，借助完美的宴会形象是获得好人缘的最佳途径。

"掌"控局面，"握"住成功

社交活动中，人与人之间经常需要握手。握手是一种礼仪，但人与人之间、团体之间、国家之间的交往都赋予了这个动作丰富的内涵。一般来说，握手往往表示友好，是一种交流，可以沟通原本隔膜的情感，可以加深双方的理解、信任，可以表示一方的祝贺、鼓励，也能传达出一些人的淡漠、敷衍。团体领袖、国家元首之间的握手则往往象征着合作、和解、和平；在各类商务、公务及普通的宴会场合，握手礼是使用最频繁的礼节形式，表示对对方前来赴宴的欢迎。既然握手如此重要，那么，就要注意对手的维护。当然，即便不握手，手也是仪表的重要部分，不容忽视。毕竟谁也不想被肮脏的手握着。

宋明华做了几年业务，也为自己攒下了不菲的家底。最近，宋明华想自己干一番事业，于是计划争做一个化妆品公司的经销商。

机会终于来了，刚好在这个时候，这家公司举办宴会，宋明华就想来个毛遂自荐。当他说了自己的目的之后，这家公司的经理亲切地与他握手，可是，就因为这一握，所有的一切都成了泡影。

原来，宋明华双手拇指和食指喜欢留着长指甲，当他和那个经理握手的时候，他的长指甲差点划伤经理的手。当经理的注意力放在宋明华的手上之时，又看见他指甲里面藏着许多污垢，手上还记着一堆电话号码，经理只觉得"眼前一黑"，迅速收回手，不再理睬他了。最后，这个公司以宋明华的形象与公司产品不符为由，拒绝了宋明华的加盟。

由宋明华失败的经历我们可以知道，肮脏的手只会令人作呕，妨碍你获得别人的好感，甚至令你丧失原本到手的成功。而漂亮的手，不但可表现出自己的魅力，同时也会让他人觉得非常舒服，这样一来，成功的机会就多了一个。因此，维护一双健康美观的双手是你绝对不可以忽视的细节。

别人看到你的双手，不可避免地会看到你的指甲，因此，保持指甲的良好状态也是保护双手所必不可缺的。如果你由于各种原因不能让专业的美甲师给你设计整修指甲，那么就要靠你自己了，可千万不要找借口对自己的双手置之不理，它们可是你的第二张脸。修剪指甲时，你需要注意以下几点。

（1）长度。手指甲长度不能超过2毫米。

（2）缝隙。不能有异物。

（3）习惯。养成"三天一修剪，每天一检查"的良好习惯。

（4）美甲。日常生活中，涂指甲油要均匀、美观、整洁，不能出现斑驳陆离的现象。

（5）行规。除非工作需要，一般上班时不允许涂指甲油或只允许涂无色的指甲油。

手的美没有绝对的标准，但对年轻的女子来说，理想的手要丰满、修长、细腻、平滑，它应具有一种观感上形态的美与接触中感觉的美。人的双手因为长时间暴露在空气中，而且还要去做各种各样的事情，因此手部皮肤特别容易干燥、老化。因此就要时刻注意对手部皮肤的保养，延缓皮肤衰老，让双手健康美丽。这样，当你参加宴会，伸出手时才会让人眼前一亮，进而对你产生好感。

除了手要干净之外，握手也是一门学问，一般来说，握手越用力，越可以给对方留下深刻的印象。反过来说，若是对方用力地握你的手，你就会下意识地用力握下去，以免自己居下风。握手，按字面理解为手与手的结合，也是一种心与心的沟通，即人们能够从中感到一种强烈的连带关系。真诚的人握着你手的时候是暖暖的，虽然他手的实际温度或许并不高，但他的真诚会通过两只手热情地传递出来，让人对他产生一种信赖和好感。

既然握手的学问如此之多又如此重要，那么在宴会上，我们行握手礼时应该注意哪些事项呢？

一、握手要专心致志

当你和别人握手的时候，一定要认真地看着对方，面带笑容，必要时寒暄两句，如"欢迎光临""我们又见面了"，切忌默默无语。

二、握手停留的时间和力度

一般来说，两个人握手应该停留的时间在3～5秒，稍微握一握，再晃一晃，稍许用力即可。

三、伸手的前后顺序

如果说介绍双方时，先介绍地位低的，地位高的人先伸手；男士和女士握手，女士先伸手；长辈和晚辈握手，长辈先伸手；上级和下级握手，上级先伸手。实际上这主要是表示前者对后者的接纳。

如果客人和主人握手，客人到来时，一般主人先伸手，表示欢迎；而客人离开的时候，一般是客人先伸手，意为让主人留步。

最后要说的是，握手的时候切忌目光游移，四处顾盼，心不在焉，漫不经心地应付对方，这是对别人的不尊重。另外，握手时要取下手套，与人握手后不要立即用手巾擦手，那会让别人误以为你觉得他的手脏，也是很失礼的。

应酬策略

平时注意个人卫生，常洗手，常剪指甲，让自己的手时时刻刻都保持清爽干净，那么，不管在什么情况下与人握手，都可以万无一失。

别把抖腿当习惯

看过这样一个电影，一对男女在餐厅相亲，第一次见面，男的长得很精神，女的也很漂亮，第一感觉都还不错，但是，饭吃到一半，女的总觉得自己的酒杯在动，又不知道震源在何方，后来观察了半天，才知道是男的在抖腿。女的顿时食欲全无，最后忍无可忍说道："拜托你不要抖了，你抖得我心都快跟着颤了。"当然，那次相亲以失败告终，罪魁祸首就是男的抖腿的毛病。

生活中，我们会在不知不觉中养成一种陋习，比如说频繁眨眼，不自觉地抠鼻，没事就拨弄头发等。喜欢抖腿也是大家容易忽略的坏习惯，而且不管是什么情况下，只要一有空闲，腿就会不由自主地抖个不停。不要总觉得抖腿只是自己的一个习惯而已，无伤大雅，其实它在很多时候都会给别人留下不好的印象。

今天是刘志的姐夫新公司开业的日子，姐夫让刘志在饭店大门口接待宾客。刘志打扮得很精神，一身黑色的西服搭配一条红色的领带，俨然就是个小绅士。可是刘志有个习惯：没事的时候喜欢抖腿。从开始迎宾，他的腿就没有消停过，甚至还随着迎宾曲打拍子，节奏感十足，好不惬意的样子。前来的每一个宾客都会不由自主地看他两眼。这时刘志的奶奶也来了，尽管老人家一把年纪了，但是眼里揉不得沙子。

奶奶说："小志啊，今天是你姐夫新公司开业的重要日子，除了咱们家里的人，来的大多是他生意上的朋友，你的接待工作可是相当重要啊！"

刘志拉着奶奶的手说："奶奶，您就放心吧，我一定做好接待的工作。"

奶奶点点头，接着说："今天你是挺精神的，不过就是有个小毛病需要注意一下。"

刘志从头到脚仔细打量了自己一番，说："哪有什么小毛病啊，我觉得很好啊。"

奶奶说："是啊，今天你这身衣服很得体，可是你那条腿为什么一直抖个不停呢？！你冷啊？"

刘志不好意思地说："呵呵，习惯了，没注意。"

"别抖了，抖得我的心都跟着你抖了，这么多客人进进出出，你往这一站，腿抖个不停，多难看啊，净招人家笑话！"奶奶严肃地说，"看看你自己，你姐夫拿你当门面呢，你倒好，迫不及待地显示自己的没教养，别人看了，不是该笑话你姐夫手下没人，请了一个野小子吗？"听了奶奶的训斥，刘志面红耳赤，改掉了抖腿的毛病。

在商务礼仪和待客等人际交往中，抖腿给人不稳重的感觉，别人会认为你缺乏教养。刘志就是养成了这种不好的习惯，在宴会场合也没有多加注意，短短几分钟就让来参加宴会的人"见识"到了自己的轻浮形象，还让姐夫丢了面子。

喜欢抖腿是下意识的一种表现，它不是病也不需要医药来治疗，但是在社交场合一定要避免出现抖腿现象，尤其是在宴会中，抖腿的行为会让别人对你丧失兴趣及信心，最终导致社交的失败。

应酬策略

不管自己平时是多么不拘小节，在一些正式场合也应该有所收敛，掌握好分寸，丢掉陋习，这样才能给自己树立一个良好的形象，从而为自己建立良好的人脉。

面带微笑气象新

世人都喜欢用笑靥如花来形容微笑之美，笑是最美的表情。没有人会欣赏生气的面孔，即使你拥有绝世的姿容和风度，怒气过甚也会将其全部掩盖。一个人的面部表情亲切、温和，洋溢着笑意，远比他穿着一套高档、华丽的衣服更吸引人，也更容易受人欢迎。当你游走于宴会现场时，别人不小心碰到了你，弄脏了你的礼服，他的紧张显而易见。这时，你会怎么办？怒火中烧吗？大声呵斥他的不小心吗？不，你不能，除非你想成为全场关注的焦点。释怀吧，事已至此，你再生气也改变不了眼前礼服脏了的事实。你不妨给对方一个宽容和理解的微笑吧，不要让他像个做错事的小孩一样惊慌失措，让他从你的笑容中感受到谅解。在场的人都会因你的笑容和大度而对你赞赏有加。

所以，有人这样说：如果长得不好，就让自己有才华；如果才华也没有，那就总是微笑着。什么是微笑？有人说："微笑，似蓓蕾初绽。这朵花，植根于美好的心灵，真诚和善良，在微笑中洋溢着沁人肺腑的芳香。"其实微笑就是脸部表情的一种体态语言，它能起到社交的作用。微笑是人类宝贵的财富，是自信的标志，也是礼貌的象征，微笑具有震撼人心的力量。笑与语言配合起来，是人表达高兴心情的最佳方式。在宴会中要想赢得人心，深受人们喜爱，就必须展现动人的微笑，才能在人们心中树立起长久的魅力形象。

小金在学校是个品学兼优的好学生，大学刚毕业就去了一家比较大型的公司工作。天性文静羞涩的她步入社会之后更加不喜欢跟人打交道，一天只知道埋头工作，来了一个月基本上都没有跟别人说过话，虽然她的工作能力很强，但是公司里认识她的人屈指可数。小金知道人际关系的重要，所以很想改变这一现状。公司的周年庆马上就要举行了，小金决定利用这个机会让大家认识自己。

公司的周年庆这天，所有员工都盛装出席，小金那天穿了一条黑色的小礼服，化了一个精致的淡妆，给人眼前一亮的感觉。小金也不像往常聚会那样找个角落坐下就不管外面的世界了，今天的她走在人群里，虽然话不多，但巧笑嫣然的样子别有一番韵味。办公室里认识小金的人和她一下子亲近了许多，小金也融入了这个圈子。在他们的带领下，她也认识了不少其他部门的人，她也一改以前扭扭捏捏的样子，跟别人介绍自己的时候，仪态大方，亲和有力。那次周年会，小金给大家留下了很深的印象，从此以后别人都知道了她叫小金，而不是叫她"喂"，她工作起来也更加有激情了。

随着社会竞争越来越激烈，人们的生活节奏也越来越快，大家只顾着忙自己的事，似乎忘记了去关心别人。在宴会这样的特定场景下，你不可避免会遇到一些不熟悉甚至陌生的人，你要怎么走近他们，让他们感受到你的友善呢？其实，此时的他们心中和你一样对这个陌生的宴会感到不自在，他们渴望被别人理解和关怀，渴望有人能帮助他们走出自我孤立的境地。这时，你给他们一个微笑，他们也会用同样的热情来回报你。

微笑是一种无声的行动，是一种宽容、一种接纳，它缩短了彼此间的距离，使人与人之间心心相通；微笑是交友的无价之宝，是社交的最高艺术，是人们交际的一盏永不熄灭的绿灯。在宴会中，喜欢微笑着面对他人的人，往往更容易走入对方的天地。真诚的微笑能够让别人敞开心扉，有微笑面孔的人会让人们不再紧张且看到希望。因为一个人的笑容就是他传递好意的信使，他的笑容可以照亮所有看到他的人。没有人喜欢那些在宴会上愁容满面的人，更不会信任他们。很多人能够在宴会中游刃有余都是从微笑开始的，所以让你的微笑愉悦自己，也愉悦别人吧！

应酬策略

在人与人的交往中，每个人都会希望自己可以给别人留下很好的印象，一种好的印象可以创造出一种轻松愉快的气氛，从而使彼此建立友好的关系。一个人在社会上就是要靠这些关系才能立足，而微笑是打开彼此心扉最好的钥匙。

第三章

别出心裁的宴请可以事半功倍

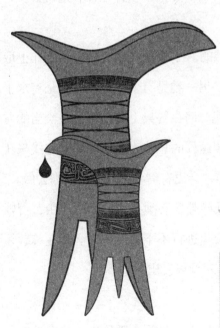

宴请领导，切勿刻意讨好

身为下属，宴请领导吃饭一定要慎重对待，即使你和领导有很深的交情，也丝毫马虎不得；否则，宴请不当，往往会适得其反，给领导留下不好的印象。

邀请领导进餐主要有两种目的。一种是表示庆贺，如工作上取得成绩，或者晋升、涨工资等。另一种是有事相求，既然是有求于人，在礼仪上就更应该予以重视。而在餐桌上表现自己最恰当的方法莫过于优雅的举止谈吐。按照这样的思路，运用类似的方式来获得领导的信任，在工作中，领导才会更有信心把任务交给你去做。

正所谓无功不受禄，邀请领导赴宴必须找个合适的理由，否则领导不来赴你的宴会，这场宴会也进行不下去。所以必须在尊敬领导的前提下，寻找最合适的理由对领导发出邀请。

张林是公司的新人，刚大学毕业，稚气未脱的他工作很用心，可他总感觉领导不太重视自己，分配给自己的都是些跑腿打杂的事。一次，他从同事口中得知经理觉得他有些木讷，所以想多练练他。张林初入职场，还不太会处理纷繁的人际关系。但他见同事总找理由请经理吃饭，经理时不时欣然前往，总算是明白过来了。

有一天，下班后，同事们陆续走了。张林在打印文件时，经理进来了。"小张，帮我把这份文件复印一下，我明天见客户要用。"经理说完就回办公室了。

张林把文件交给了经理之后，经理顺口问："小张啊，工作还适应不？平常要勤问，不懂的多问问前辈，要提高效率。"

张林说："经理，我正有事要请教您呢！我知道您是咱们这行的专家，经验丰富，希望可以获得您的指导。不过，今天太晚了，要不咱们边吃边聊？经理可一定得赏脸啊，让我做回东。我知道经理是江苏人，对街正好有个不错的江苏菜馆，听说小龙虾做得很不错！"经理说："行，咱们现在就去。"

那天晚上张林和经理相谈甚欢，从工作内容聊到大学生活……后来张林的工作表现越来越好，经理也越来越赏识他，交给他任务也特别放心。

张林的这种邀请就很自然，让领导很舒服地接受了，并且达到了自己与经理拉近关系的目的。因此，找一个合适的理由是宴请领导的关键点。

宴请领导，除了合适的理由之外，时机也很重要，比如：当工作告一段落，最好是你出色地完成了任务的时候，或者是你刚得到提升之时，你可以趁机宴请领导；如果你和你的老板是旧识，并且关系不错，那么你就可以随时邀请他了；如果你是新上任的部门负责人，因为有许多事情要谈，虽然理由有点牵强，但还是可以邀请他的；如果你和你的老板一点都不熟，那么就不要邀请了，否则，彼此都会很尴尬。

最后，需要强调的是，宴请领导一定要量力而行，务必从实际需要和实际能力出发，切不可虚荣铺张、打肿脸充胖子，这样领导才领你的情，而不怀疑其是"鸿门宴"从而拒绝你的邀请。

应酬策略

宴请时要把握好宴请对象的身份，领导关系着你的前途命运，所以，宴请时一定要有别于一般朋友，在合适的时候想一个合理的理由是宴请成功的关键。

宴请客户，真诚是敲门砖

做生意的人都说客户是上帝，所以都想搞好与客户的关系，既然如此，宴请是免不了的。成功的商业人士善于记录客户的资料，研究重要客户的各方面资料，分析其喜好。邀请客户吃饭应注意要真诚对待不同类别的客户。"诚"就是真诚相邀，不虚情假意，不违约、不失信，竭尽所能满足客户的需求，令其欢欣而来，满意而归。

被拒绝是一件令人沮丧的事情，尤其是对于商务人士来说，它往往意味着为成交而进行的大量的前期准备工作和说服工作付诸东流，功亏一篑。一些人经不住屡遭拒绝的打击，最终放弃了宴请。其实，宴请被拒绝并不可怕，关键是要有一个正确的态度，并掌握一些克服沮丧情绪的心理技巧。

小琪一直都是个不善言谈的人，但是，大学毕业之后她却选择了业务行业，刚开始工作，一路跌跌撞撞。看到同事们都有自己的固定客户，并时常请客户吃饭喝酒，联络联络感情，小琪很是沮丧，她也很想邀请一些客户共进晚餐，但是都被客户以各种理由婉言谢绝了。

小琪想不到什么好办法了，只好向那些前辈请教，同事说："一般客户拒绝业务员的示好，都是一种防范心理在作祟，所以，你在请他的时候一定要有合理的理由，让他看出你的诚意，我只能跟你讲这么多，一切还要靠自己去悟了。"

听了前辈的话，小琪似懂非懂，但是，她知道，最大的症结所在还是自己不善言辞，唯唯诺诺的让人产生不了信任之感。于是，她虚心向擅长言谈的亲朋好友请教，吸取了丰富的实践经验，并在实践中灵活应用，很快就改变了被拒绝的苦恼局面。

现在，小琪的业务越做越好，有许多老客户，还在不断发展自己的新客户。小琪发现自己也变得很善谈，并且越来越自信了。

为了能使邀请成功，小琪可是花了不少心思，但总算是功夫不负有心人，小琪终于有所收获。其实，一次成功的邀请也并不是很难，抓住两个关键点即可：一是随机应变地抓好时机，二是态度和措辞一定要诚恳。下面就给大家介绍5种成功邀请到客户的妙招。

（1）约客户的时候选在临近饭点的时候，在你和客户聊得正开心之时，"正巧"到了吃饭的时间，这个时候你向客户发出邀请就会显得自然又合理了，通常情况下，只要你一再坚持，客户就会同意的。

（2）在你和客户合作达成之时，你可以就势邀请客户一起吃饭，通常这个时候客户也是非常乐意给你这个面子的，这顿饭吃好了，那么你们的下一次合作也就差不多了。

（3）在你们合作之后，你也可以设一次答谢宴，这时，你可以给客户打电话邀请，也可以亲自登门邀请。如果你一次邀请了几位客户，一定要在邀请的时候告诉每位客户都有谁到场，以免出现有的客户不满意的情况。

（4）在你们合作期间，你也可以打电话邀请客户，但是在邀请的时候一定要向客户表明你邀请的用意以及大致情况，防止客户避讳贿赂之嫌而给予拒绝。这个时候你可以以有什么问题需要请教对方，或者是想和他聊聊，交个朋友为理由。总之，邀请诚恳即可。

（5）为了了解客户信息和加深感情，你也可以在你们没有合作的情况下邀请对方，即以私人交往的名义请客户吃饭。你可以告诉客户你现在正好在他家或者是公司附近，这家餐馆听说很不错，请他一起来坐坐。

总之，邀请客户时一定要有礼貌且体现出诚意，这样你的邀约才不会被拒绝，这样的成功邀请也就为你的生意开启了成功之门。

应酬策略

宴请客户最主要的是诚意。所谓诚意，是一种坚持、耐心、毅力，是一种百折不挠的精神。简单地说，这个客户很难请出来，就不停地邀请。每次出差到了该地，都第一个电话打给他："刘总，今天我来这边出差了。上次您正好有事，今天方便吗？大家一起聚聚？"如果遭到婉拒，你再着手安排别的事情。谁能忍心拒绝一次又一次诚意的邀请？

宴请同事，轻松自然最妙

一般邀请同事进餐比较随便，不必过于正式，开开玩笑，聊聊家常，哪怕是打打闹闹，都是可以的。但是也应严格区分聚餐的不同形式或者场合，在一些正式的宴会或比较正式的场合，同事聚会时也应注意形象与礼仪，不可失礼于人。

如今，同事关系在人们的日常工作和生活中变得越来越重要。很多公司都有了不成文的习俗：升迁者要请其他同事吃饭。身在这样的大环境中，你也应当入乡随俗，不然就会显得过于小气。

此外，宴请同事时要注意：第一，量入为出；第二，注意身份。不要动辄邀请同事去高级餐厅，未必个个都会领你的情，有可能会被认为过于招摇，反而引起同事们的反感。所以，宴请同事的时候，最好一切依照旧例，有很好的宴请理由，如果你实在没有什么值得请客吃饭的事情，而你又想联络同事之间的感情，那么你就要费一番心思，制造一个合理的理由了。

刚大学毕业，初入职场的小李和办公室里元老级的同事总有些不合拍，连科长都说他有些木讷。办公室里的同事总能找到理由请客，科长也时不时欣然前往。而小李更加被孤立，虽然他也在寻找请客的理由，以期拉近和大家的关系。小李没有女朋友，生日还有半年多的时间，他实在找不到可以宴请大家的理由，又怕落个马屁精的称号。这件事成了小李最大的苦恼，他希望自己能够尽快融进这个集体里。这天是周五，琢磨了一周，一个成熟的请客计划已经在小李的心中形成了。早上刚到办公室，小李就羞涩地向大家宣布了自己有女朋友的事情，下班了，同事和科长被请进了附近的饭店，酒足饭饱后，小李从大家的眼神里看到了认可和友好的神情，渐渐融入了这个大集体。而这一切要谢就得谢那位虚拟的"女朋友"啦。

谁都知道，办宴容易请客难。请客吃饭不是一件容易的事，稍有不慎，就会遭到拒绝，成功的宴请，除了好的理由外，更为重要的是一种说法。我们知道，往往同一件事情有不同的说法，请客吃饭也不例外，你的说法自然而又合理，谁会拒绝一桌让人垂涎的美味佳肴呢？邀请同事吃饭的方式有很多，那么，要怎样才能做到顺理成章呢？

一、开门见山

你可以直接提出邀请，说出自己的目的。例如："喂，杨语吗？我和小马他们几个现在在火锅店涮肉呢。刚刚下班没找到你，你赶紧过来吧。我们等你来啊。"

二、喧宾夺主

你可以事先调查一下要邀请的同事所在的环境，就近选择一家有特色的酒店，然后再发出邀请。例如："马姐，中午有空吗？一起吃饭好吧？我发现对面多了一家川菜馆，咱们走路5分钟就到了。中午咱们就犒劳犒劳自己呗……"

三、借花献佛

你也可以借自己有什么喜庆作为"花"来献一下"佛"。例如："章哥，今天双色球公布了，我中了三等奖！晚上下班了我请客，哥几个喝一杯去！"

四、步步为营

步步为营是第二次邀请时采用的招数。例如："郑洁，怎么样啊？上次给你介绍的那家西餐厅还不错吧？现在该承认我是寻找美食的专家了吧？最近我又发现了一家不错的法国餐厅，今天晚上下班我们一块儿去尝尝吧！"

虽然邀请同事吃饭的方式很多，但是忌讳也不少，比如席间话题的选择一定要把握火候。同事之间谈话，最好选择与工作无关的轻松话题，像与老朋友那样的调侃式的对话在同事聚会时要小心使用，不要无形中得罪了同事。席间也不要谈同事的隐私，即使是闲聊，如被心怀不轨的人听到，也很可能会被添油加醋地到处宣扬。因此，有关同事的隐私，不说为佳。

除此之外，同事之间聚餐时一定要注意不要在同事面前批评上司。有些人在白天受了上司的批评后，喜欢晚上约个同事喝一杯，然后对着同事发发牢骚，认为同事既然和自己喝酒了，就应是站在自己这一边的，于是借着酒气对上司大肆批评起来。这种事情一定要避免。不论多么值得信赖的同事，当工作与友情无法兼顾的时候，朋友也可能会变成"敌人"。在同事面前批评上司，无疑是自丢把柄给别人，有一天身受其害都不自知。就算这位同事和自己是肝胆相照的挚友，不会做出出卖自己的事情，但也得小心隔墙有耳，不要贪一时的口舌之快而坏了自己的前程。

应酬策略

如果你宴请同事，是为了吐苦水，你的决策可能就大错特错了，在同事面前说上司的不是，无疑是给自己埋下了定时炸弹，小心驶得万年船，在和同事一起进餐时，你最好是少说多吃。如果你实在是憋得慌，不吐不快，你不妨先探探对方的口气，看其是否同意自己的看法，如此用心，是在社会上立足不可缺少的条件。

宴请下属，气场收放自如

要管理好一个团队，需要有足够的社交技巧，你不仅要鼓励你的团队成员努力工作，还应在他们取得成绩时给予奖励。如果公司不能为他们提薪，你不妨自掏腰包请大家出去吃一顿午餐或晚餐。不要摆出一副施恩者的样子，要把你的下属想成跟你一样有价值、有智慧的人，他们只是目前的资历不如你，或者你们各自具有不同的优势。

领导在宴请下属的时候，有的时候是需要放低自己的姿态的。处理好上下级关系，掌握好领导与下级的沟通艺术，既能为组织营造和谐的人际氛围，又能使交际双方心情舒畅、工作顺利、事业成功。

小雅是某电气集团人事部的主任，上任刚好半年，她知道办公室里的人并不服她这个"空降兵"，于是，年底她也设了一个宴，宴请部门里的所有人吃饭，当然，主角是副主任江滨。

半年前，部门领导出国了。部门里所有的人都以为身为副主任的江滨会顺理成章地填补这个空缺，但是万万没有想到的是，总部却让外单位的一个女士，也就是小雅坐了这第一把交椅。上任的时候，至少有两个月，办公室里的气氛都很压抑，静得掉一根针都能听到，大家连喘气似乎都变得小心翼翼。

　　小雅看在眼里，心里自然明白是怎么一回事，她很清楚自己"空降"到这里之后给这个部门带来的尴尬，所以，除了把工作理顺之外，其他的她都维持原状。时间长了，大家才习惯她的存在，江滨不再阴阳怪气，办公室里的气氛也随之融洽起来。

　　宴会上，集团老总和其他部门的领导都在，但是，小雅却将第一杯酒敬了江滨。

　　"这第一杯酒就敬我啊?!"江滨感觉很是突然，惊讶地说。

　　小雅什么都没有说，直接先干为敬。女士先喝了，男士便没话可说，也跟着干了。江滨干完后，还没有来得及说话，小雅又开始敬第二杯。

　　小雅端着第二杯酒，望着部门里的全体员工说："这第二杯酒，我要敬的是部门里的全体员工，谢谢大家这段时间的配合和支持，我先干了!"说完一饮而尽。两杯酒，把半年来所有的一切都包含在其中，大家都佩服小雅的聪明，将杯中酒喝得一滴不剩。

　　第三杯酒才轮到集团老总。敬酒的时候，老总还笑呵呵地说了很多小雅的好话，对他们部门的工作作了充分的肯定，对江滨更是高度评价，一点都没有为最后才敬自己而生气，当然，这件事是小雅提前跟老总打了招呼的，请求老总配合她的安抚行动。

这顿宴会还真的奏效了，这两天上班，江滨情绪很好，还主动和小雅一起讨论新一年的工作打算，一副干劲十足的样子，而部门里的其他员工也变得更加积极。

为什么有这样的改变？显然，这场宴会起到了关键性作用。小雅利用这个宴会，充分表示了对副主任江滨的尊重和感激之情。如果你是江滨，面对这样的宴会，也绝不好再在小雅面前摆一副臭脸吧？所以，一场宴会之后，原本尴尬的局面变得不尴尬了，原本阴阳怪气的江滨也变得积极主动了，这就是宴会交际的魔力。

职场中，领导为了管理、激励或是为了与下属保持良好的关系，常常会请下属吃饭。能力再强的上司，要把事业做得风生水起，也离不开下属的合作与支持。所以，请下属吃饭的时候，一定要适当给予对方鼓励，给其打打"兴奋剂"，这样下属才能感受到你的良苦用心，从而更好地配合你的工作。那么，具体应该怎么做呢？

一、让下属感觉他很重要

每个人身上都有个无形的胸卡，上面写着"让我感到我的重要"。这句话揭示了与人相处的关键所在。因此，你一定要让他感到自己很重要，比如时常关心一下他的工作、生活情况。哪怕只是一句温暖的问候，也会让他感到自己很重要，从而觉得你是个通情达理的领导。

二、真正宽容下属

如果你的下属是因为做错了事，想获得你的原谅才请你吃饭的，只要他的错误无关原则问题，你都应该适当表态，可以稍稍训斥一番，然后对他表示理解和宽容。

三、体现人性化的一面

如果下属是曾经与你产生分歧，甚至发生争执，事后你特意请他吃饭便是和解的话，你该适度进行一番自我批评，点明双方的争执是由于一时过于主观，最好能幽默地化解彼此的紧绷情绪，体现人性化的一面。让下属明白你是一个就事论事的人，绝不会在背后做小动作，给他"穿小鞋"。

另外，作为一个有心的领导，你必须洞悉下属的心理，了解下属赴宴时普遍存在的问题，这样才能有的放矢，避免下属食不下咽，同时又感受不到你的良苦用心，从而导致无效沟通。

大多数领导都是从下属做起的，或者也是别人的下属，应该明白领导无缘无故请下属吃饭，下属心里总是不踏实的，所以领导向下属发出邀请的时候必须点明邀请的原因，比如"这段时间大家为了手上的项目天天加班，太辛苦了，今天我做东犒劳犒劳大家。大家都不是铁人啊，还是该放松放松啊，明天再接着干""今天我给大伙设了个庆功宴……"，这样下属就明白领导的用意是激励和鼓舞，自然可以毫无芥蒂地去赴宴了。

不过，需要注意的是，领导也是食五谷杂粮的凡夫俗子，三杯酒下肚，很可能会管不住自己，比如不经思考给下级许下加薪之类的承诺。所以，酒不能喝得太多，要管得住自己。否则，假如下属是个不值得信任的人，第二天一定会搞得满城风雨，更可能让那些觊觎你职位的人有可乘之机。

总而言之，作为别人领导的你，虽然掌握着别人的"生杀大权"，但你不是万能的，总有一天有需要下属帮忙的时候，所以，请下级吃饭要以情动之，不断积累人脉，以备后用。

应酬策略

兵法有云："攻心为上。"人心最难了解，也最难赢得。要想当好领导，唯有赢得下属的真心。对下属诚恳、真挚，才能凝聚成坚不可摧的向心力。

宴请异性，务必注意分寸

　　"正常男女凡在一个正常年代谈一场正常的恋爱，很难绕过餐桌而行。"这是沈宏非先生的《写食主义》中的一句话。唐代诗人李商隐也写过这样一句诗："隔座送钩春酒暖，分曹射覆蜡灯红。"吃饭是热恋中的男女最经常做的事情。吃不是目的，而是方式。在吃饭的时候，可以谈论很多话题，可以对视，可以交杯换盏……反正是什么都好吃，因而恋人热恋期间常常光顾许多餐厅。作为一个文明的现代人，宴请异性朋友，尤其是男士宴请女士时，要特别注意礼仪。这不仅体现了你对对方的尊重，还体现了你的涵养。

　　邀约异性共餐不同于其他，有些小细节是需要注意的，比如必须遵守约定的时间，让女性在公共场合等5~10分钟还勉强可以接受，时间太长的话，就显得不尊重对方，是一种极其失礼的行为。这时候应用电话事先告知，以免影响对方的情绪，导致社交失败。

　　另外，男士在女士来到餐桌边时要站立，即使在混杂的餐厅，也要稍稍提起上身，直到女士入席或者邀请她坐下为止。女士在离开餐桌的时候，男士也要站起来。当然，如果这个女士是你的妻子或者是接待的女主人，她来收拾餐具的时候，就不需要站起来了。

　　如果是女性约会男性共餐，也要注意采取什么样的方式邀请，要具体问题具体分析，根据交际的目的、性质和对方的身份而定。学者、专家、企业老总等，大多业务繁多、工作繁忙，对他们最好提前预约，以便于他们安排时间；对于时间充裕、工作便于调整的人提前预约当然更好，不过即使临时邀请，一般也能随请随到；邀请男朋友则可悄悄进行，没必要大张旗鼓，以便于交往活动顺利进行。假如是一般往来关系的人，招呼一下、打个电话、发条信息也就可以了。较重要的工作联系、业务关系、公关事务等，就必须采用相应的公文形式，如发书信、寄请柬等，或者派专人传达、亲自登门等，以体现对对方的重视与尊重。除了这些，女性约会已婚男性时，一定要选择尽可能公开的场合，以避免产生对双方不利的流言蜚语。

　　林静是学校的音乐老师，也许是艺术家天生的一种气质，很有文艺范儿的她是个典型的知性女子。也不知道为什么，条件如此优越的她至今没有结婚，这让很多人疑惑不解，有的人说她眼光太高，有的人说她在等一个人，还有的人说她是一个见不得光的小三，总之，众说纷纭，面对这些流言，林静都不予理睬。

　　最近，林静迷上了画画，于是，美术老师于皓时不时地指点指点她。于皓是一个有才情的人，他的作品多次获奖，事业有成，家庭和美。才子和才女的相交，都有相知恨晚的感觉，都把对方当成了自己的知己。两人来往过于频繁，在还比较传统的小城，流言自然满天飞，林静并不在乎，她一直都是个不被世俗捆绑的人，在这个风口浪尖之际，她竟然还向于皓发出了邀请，答谢他的指导。

那天是周五，下班后，她叫住了于皓："于老师，这个周末有空吗？您都免费教我这么久了，我也不知道怎么感谢您，最近学了一道新菜，想让您尝尝我的手艺。"

于皓听了林静的话，面露难色，他和林静的流言早传到妻子的耳朵里了，他可不想将流言扩大，于是说道："这个周末啊，我答应我太太要陪她去看电影，这样吧，下周我在'醉八仙'摆一桌，把李老师他们也叫上，我们都好久没有聚聚了，趁此机会大家交流交流。"

听了于皓的话，林静已明白了几分，也觉得自己太过随意，本来就流言缠身，还邀请对方到自己家里做客，当然得碰一鼻子灰了。

于是，林静笑笑说："行，到时候你可别抢着买单，这个谢师宴是必不可少的。"

于皓哈哈一笑说："那我可不客气了，非狠狠宰你一顿不可。"

林静宴请失败，主要是她没有分清时势，也没有把握好身份，一个未婚单身女子，邀请一个已婚男子，是有很多避忌的。你可以特立独行，但是别人不一定会奉陪到底，一起彰显你们的个性。所以，宴请异性的时候，我们一定要分清场合，选择好约会场所，以免带来不必要的麻烦。

男士第一次正式请女性朋友吃饭一定要选人多的、明亮的地方，这样她才会有安全感，才会愿意接受你的第二次邀请。不过，如果她对你本来就有意的话，也不妨挑人少、灯光暗淡、周围都是情侣的餐厅，这样更可事半功倍。当然，要注意找一个角落的位置，这样可避开众人的目光，减少她的心理紧张。而且，你还要请她坐在背向门口的位置，如此她的视线便会以你为中心，同时你自己则可看到整个餐厅的情形，能够在平静的气氛中引导谈话内容。

总之，邀请的方式和约会的地点要因人而异、因事而异，把握好这一点，你就可以举办一次成功的宴请了。

应酬策略

和异性朋友进餐的时候，彰显风度和涵养最为重要，所以，一定要掌握好基本的餐桌礼仪，你要明白，这个时候，失礼也就是失去机会！另外，除了合适的约会场所外，还要有合适的动机和理由，这样才能让人放心赴宴，不会产生"无事献殷勤，非奸即盗"的感觉。

第四章

细致入微的宴前
准备

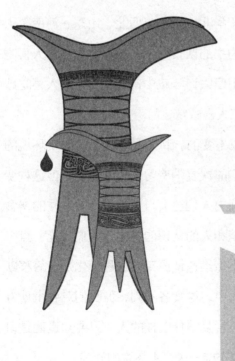

各地饮食习惯不同，看人下菜碟

"十里不同俗，百里不同味。"饮食消费心理学认为，客观环境既是饮食消费心理习惯产生的前提，又是饮食消费心理习惯得以延续的保证。比如，北方（华北、东北、西北、山东、河南）人的生活环境决定了他们以咸为主的饮食习惯。如河北大部分人喜吃咸，天津人口味咸中微甜，山西人口味咸中带酸辣，东北人喜吃咸酸辣，西北人喜吃酸辣，山东人喜咸辣，河南人喜酸辣。

然而，客观环境不是一成不变的，特别是在人们对客观环境的认识发生变化的情况下，人们的饮食消费习惯也会变化，但这种变化是缓慢的，在很长一段时间内人们还会自觉地进行习惯性的饮食消费。所以说，随着客观环境和人的认识的变化，人们只能一点一点地改进饮食消费习惯，而不能迅速地摒弃。这种变化是在潜移默化的过程中完成的。东西南北中，饮食各不同，但我们对各个地方的饮食习惯了如指掌之后，不管宴请什么样的人，只要知道他是何方人氏，你就可以大差不差地安排一次宾主尽欢的妙局。

某个西南地区的小城市，招商引资是很难的，为了留住那个来自中国台湾的投资商，领导让秘书小刘去安排一桌宴席，准备在宴会之上一举拿下这个"财神爷"。

小刘觉得自己的任务相当艰巨，一向很会安排宴席的他这下却没有了主意，究竟要怎样才能让对方满意呢？看着菜单，地方特色菜很多，也很上档次，但是，小刘深知这些地方特色菜都非常辣，这个台商是招架不住的。

小刘犯了难，像这种海参鲍鱼都觉得是家常便饭的大老板，点什么菜才能吊起他的胃口啊？小刘看着菜单苦思。忽然，他灵光一闪，何不让他在异乡尝尝家里的味道？小刘有了主意，他放弃了全市最高档的酒店，选择了最地道的一家闽菜馆。

当小刘将一干人等带到闽菜馆的时候，领导觉得莫名其妙，但碍于投资商在旁，也不好多说，看到小刘胸有成竹的样子，也只好静观其变。

"陈总，听说您老家是福建的，您已经很久没有回家乡了，一定很想念那些家乡菜，这家闽菜做得特别地道，所以，领导特别吩咐我，让您在这里好好尝尝家乡的味道。"小刘一边引导台商入座，一边说。

台商眉开眼笑，一边盛情谢过，一边入座。

上菜了，佛跳墙、鸡汤汆海蚌、鸡茸金丝笋等代表菜自不会少，还有许多特色菜，每样都制作细巧、色调美观、调味清鲜。每吃一道菜，台商都啧啧称奇，没有想到在千里之外还能吃到这么地道的家乡菜。

看到台商如此高兴，估计事情已经成了一半了，领导心里自然高兴，于是频频举杯，台商也不推辞，酒酣耳热之际当时就在饭桌上签了合同。

从那以后，领导更加信任小刘，什么事都交给他办，小刘也一举成为领导身边的红人。

宴会作为公务、商务人士绝佳的交流平台，可以令与宴的陌生人由不熟悉变得熟悉，让一直心怀戒备的人放下戒备，让竞争对手变成合作伙伴，让领导变成朋友甚至伯乐……所有的人际关系都可能因一场宴会而改变，所以宴会前的准备丝毫马虎不得。如果有一个细节做得不到位或者出现问题，就可能使这种请客吃饭的好事变成坏事，甚至造成客户流失、被人小看、领导不满、职位不保、生意泡汤等恶劣后果。

所以，在安排宴会时，一定要多动脑筋，还要了解宴请对象的喜好厌恶，正所谓"知己知彼，百战不殆"。东西南北饮食不同，我们要看人下菜，因此，我们必须详细了解各个地区的饮食特点。

一、华南地区的饮食特点

华南地区主要包括广东、广西、海南及港澳地区。由于"花草虫鱼，可为上菜；飞禽走兽，皆成佳肴"，所以该地区居民几乎不忌嘴，食性普遍偏杂。在膳食结构中，每天必食新鲜蔬菜；水产品所占比重较高，尤为喜爱淡水鱼品和生猛海鲜；饮食开支大，烹调审美能力亦强。由于早起晚睡、午眠和生活节奏紧张，不少人有喝早茶与吃夜宵的习惯，一日三至五餐。这一带"吃"具有比较丰富的社会意义，是人们调剂生活、社会交际的重要媒介。它不仅体现人与人之间的情感，有时还是身份、地位、财富的象征，故尚食之风甲于全国。

二、华北地区的饮食特点

华北地区位于我国的中北部，包括北京市、天津市、河北省、山东省、山西省、内蒙古自治区。民风俭朴，饮食不尚奢华，讲求实惠。多数地区一日三餐，以面食为主，小麦与杂粮换着吃，偶有稻米；馒头、面条、玉米粥、烙饼、素饺子、窝窝头，是其常餐。

三、西南地区的饮食特点

西南地区位于我国西南部，主要包括四川省、重庆市、贵州省、云南省、西藏自治区。主食大米和糯米，兼食小麦、玉米、红薯、蚕豆、青稞、荞麦、大豆、红稗和高粱。米制品小吃很有名气，米线鲜香，糍粑特异，糍粑、粽粑、荷叶包饭都可用于待客。普遍嗜辣，"宁可无菜，不可缺辣"；大多喜酸，"三天不吃酸，走路打转转（不稳之意）"；看馔具有平民的饮食文化色彩，价廉物美，杂烩席、火锅席风靡当地。

四、华中地区的饮食特点

华中地区位于我国中部偏南，主要包括湖南省、湖北省、河南省，主食多为大米，部分山区兼食番薯、木薯、蕉芋、土豆、玉米、小麦、高粱等。鄂、湘的小吃均以精巧多变取胜；壮、苗、黎、瑶、毛南、土家等族，善于制作粉丝、糍粑和竹筒饭，京族习惯用鱼汁调羹。

五、华东地区的饮食特点

华东地区位于我国东南部，主要包括上海市、浙江省、江苏省、安徽省、江西省、福建省、台湾地区等。以大米为主食，偶食面粉，杂粮很少，擅长炊制糕、团，其中宁波汤圆颇具特色。一日三餐，有荤有素，干稀调配。四时蔬果、鸡鸭鱼肉供应充裕，嗜好海鲜与野味，还有吃零食的习惯。口味大多清淡，略带微甜，一般少吃或不吃辣椒、大葱、生蒜和老醋；有生食、冷食之古风，炝虾、醉蟹、生鱼片都受欢迎。家庭饭菜丰俭视经济状况而定，一般是菜、汤、主食结合的格局，饭碗小而菜盘大，餐具精致。

六、西北地区的饮食特点

西北地区位于我国西北部，包括甘肃省、陕西省、新疆维吾尔自治区、宁夏回族自治区以及青海省。与其他大区相比，西北一带的食风显得古朴、粗犷、自然、厚实，主食是玉米和小麦并重，也吃其他杂粮，如小米、油茶与莜麦等。家常食馔多为汤面，辅以蒸馍、烙饼或是芋豆小吃，粗粮精做，花样繁多。该地区的少数民族在饮食风味上，肉食以羊、鸡为大宗，兼有山珍野味，而淡水鱼和海鲜甚少，果蔬菜品亦不多。

七、东北地区的饮食特点

东北地区位于我国的东北部，主要包括吉林省、辽宁省、黑龙江省。东北地区一日三餐，杂粮和米麦兼备，高粱米饭和黏豆包最具特色。主食还有窝窝头、饺子、蜂糕、冷面、豆粥和面包；满族的宴席茶点久享盛名。蔬菜以白菜、土豆、大豆、粉条、黄瓜、菌类为主，近年来引进不少南方时令鲜菜，市场供应充裕。爱吃白肉、鱼虾和野味，嗜肥浓，口味重油偏咸。做菜习惯用豆油与葱蒜，或是紧烧、慢煮，使其酥烂入味，或是盐渍、生拌，取其酸脆甘香。

应酬策略

看人点菜，最好的招待方法就是吃得有特色，只有让客人满意，才有利于感情沟通。宴会有特色，无论是用当地特色菜招待，还是用家乡风味菜招待，只要你花了心思，这顿饭的收获就有可能达到预期的目的。宴请久居异乡的客人吃顿纯正的家乡菜，即使没有山珍海味，也足够打动对方。

男女口味有别，搭配要得当

古语有云："饮食男女，人之大欲存焉。"不同的性别会产生不同的饮食消费心理及行为，这是由两性饮食消费者在记忆、思维、情绪、个性等心理方面存在的差异决定的。比如，在点菜行为上，男性一般较粗略迅速，对食物的奇特性往往要求较高，而且男性一般都有个人的某种特殊嗜好。女性点菜时往往选择多，挑选细，反复咨询，占用时间长，具有较强的求全心理。在分量上，男性比女性顾客的食量大、胃口佳。在口味上，男性一般喜欢富含脂肪、蛋白质及碳水化合物的食物；女性则一般喜欢清淡不油腻的菜，素食蔬果尤佳。在需求上，男性顾客重量，用餐讲求能果腹、分量足，女性顾客重质，对环境较为敏感，重视服务细节。

通常情况下，男女一起在餐厅就餐，如果不确定是谁点的菜，服务员会把素菜摆在女士面前，把荤菜放在男士面前。由此可见，人们潜意识里都非常清楚男女饮食有别，而且已经习惯这种普遍的饮食倾向。虽然这只是个小小的细节，但是一时疏忽可能让你全盘皆输。

方舟今年已经30岁了，事业有成，风度翩翩，但却一直单身。最近经不住老妈的狂轰滥炸，不得不答应老妈去相亲。

得到了方舟的首肯，老妈便频繁地给他安排约会，环肥燕瘦，却都让方舟没有兴趣。老妈依然乐此不疲，又给他安排了一次见面，老妈说，这次是一个百里挑一的好姑娘，不但人长得漂亮，还是名校毕业的，准能看对眼。每次老妈都会这么说，方舟对这次见面也没抱什么希望。

这次老妈没有骗方舟，这个叫萧晴的女孩身材高挑，杏眼朱唇，的确很漂亮。方舟在心里不知道夸了多少遍老妈有眼光。两人谈天说地，很是投机。服务员过来了，问他们点什么菜，一向惯拿主意的方舟接过菜单就熟稔地点了几个招牌菜，价格也自然不菲。

菜来了，色香味俱全。然而萧晴却没吃几口就借故身体有恙，离了席。第二天，介绍人的电话来了，说萧晴觉得他们不合适。

方舟百思不得其解，自忖那天没有出什么错啊，怎么会把亲事弄黄了呢？后来介绍人才说出实情，原来那天吃饭的时候，方舟根本没顾及萧晴的感受，点了一大桌子菜，大部分都是荤菜，而萧晴喜欢吃素。

听了介绍人的话，方舟后悔不迭，都怪自己当时太激动了，不注意细节，错失了大好姻缘。

经调查统计：男性一般吃的肉类比较多，而女性则对酸奶、蔬菜爱不释手。这是什么原因呢？主要是男女的营养需求不同，男性要加，加体力，加精力；女性需要减，减年龄，减皱纹。从生理医学上讲，绝大多数女性所需要的卡路里比男性要少，并且她们都不希望摄入热量过多而导致变胖。所以，全麦食物、水果、蔬菜、低脂牛奶和瘦肉就备受女性的青睐。在越来越讲究健康饮食的当代社会，男女膳食差别也越来越明显。那么，究竟吃什么才能让女人越吃越美丽，男人越吃越健康呢？

一、女性优选的食物

豆腐。豆腐当然是保持女性美丽容颜的最佳食物。豆类含有丰富的蛋白质，可以降低胆固醇，还能将妇女更年期的潮热反应减少到最低限度，同时有健壮骨骼的作用。所以女性多吃豆类食物，大有益处。

番木瓜。番木瓜是一种热带水果，含有丰富的维生素C，一个中等大小，大约300克的番木瓜，含有188毫克的维生素C，是人体补充维生素C的最佳来源。此外，番木瓜对女性有美容养颜、通乳抗癌、提高身体免疫力的作用，未成熟的番木瓜的汁液中含有番木瓜素，具有美容增白的功效，是女性化妆品的上乘原料。

亚麻籽。亚麻籽富含一种雌激素的化合物，能有效地防止乳腺癌。据调查，在患有乳腺癌女性的食物中加入亚麻籽，对抑制肿瘤的增长确实有一定益处。

甘蓝叶。甘蓝里除了富含钙和维生素D之外，还有维生素K，维生素K对骨头有很强的保护作用。多食甘蓝，可以预防骨质疏松症。

鹅、鸭肉。对于对自己身材很在意的女人来说，鹅、鸭肉是肉食的首选，虽然鹅、鸭肉脂肪含量并不比其他肉类低，但其化学结构接近橄榄油，不仅无害，还有益心脏。

二、男人优选的食物

菠菜。菠菜含有丰富的维生素C和矿物质，能有效增强男性肌肉的力量和耐力，使男性更有活力。此外，菠菜还有助于降低胆固醇水平，预防心血管疾病，如高血压和心脏病等。但菠菜不宜过量食用，特别是有肾结石或肠道问题的朋友，要适量食用。

南瓜籽。男性适量吃南瓜籽可以有效预防血栓的形成，而且南瓜籽对糖尿病患者还有辅助治疗的作用。有的中年男性前列腺肥大，食用南瓜籽则可以有效缓解该症状。男性朋友每天吃上适量的南瓜籽，能够对前列腺起到很好的保护作用。

鱼肉。鱼肉味道鲜美，富含蛋白质，有助于维持细胞的活性和骨骼的韧性。男人多吃鱼，可以起到强筋活骨的作用，使自己的精力更加充沛。鱼肉还可以促进肝细胞修复，加强新陈代谢和排毒功能。

应酬策略

在宴会之上，你是不是还在为了自己的身材和健康猛吞口水，迟迟不肯下箸？详细了解男女饮食差异之后，你就不必为此担忧了，只要在吃饭之时知道什么该吃、什么不该吃、什么对自己有益、什么对自己有害，你就可以安心地在饭桌之上享受美食了。

老幼年龄有差，饮食各有标准

随着年龄的不断增长，在不同的年龄阶段所需摄取的营养成分也是不同的。不同年龄的人，由于经历不同的社会环境，受过不同的文化教育，在赴宴时的欲望和心理方面也有着明显的差异。

一般来说，年龄越大，对食物的耐受范围越广；年纪较长者，讲究食物的营养卫生，能节制不良的饮食习惯，特别强调养生之道，所以，长寿老人喜欢喝粥，且历代养生学家对老人喝粥都十分推崇。《随息居饮食谱》说："粥饭为世间第一补人之物。"而青年人易挑食，全凭个人喜好，无节制地吃喝。所以，在筹办宴席的时候，年龄也是一个值得大家关注的问题，了解宴席的年龄跨度，才可以万无一失。

小董最近忙得很，公司有新项目下来，这个时候女朋友的爸爸妈妈、爷爷奶奶又要来见这个未来的女婿，人家大老远地赶过来，总该有一番安排吧，这接风宴必不可少。

那天，他收拾得很精神，先去饭店定了餐，然后早早地就和女朋友去机场候着了。小董很合四个人的眼缘，特别是奶奶，拉着小伙子的手就说个不停，小董也很懂事地听着，一点都没有不耐烦的感觉，一家人其乐融融，女朋友看在眼里，喜在心上。

在酒店稍作休息之后，就去吃饭。菜上来了，女朋友却傻眼了，一大桌子的传统名菜，更有稀粥、豆腐、玉米等，女朋友不知道小董搞什么鬼，不住地拿眼瞪他，他却不以为意。

没有想到的是，两个老人却直夸小董心细，知道他们喜欢吃什么，连牙齿不好喜欢喝粥都想到了。老人高兴地说："以前在饭店里从来都没有吃饱过，看到一大桌子的菜却无法下箸，有的咬不动，有的看着都没有胃口，今天的每道菜都很合自己的胃口。"两个老人吃高兴了，爸爸妈妈也自然高兴，小董也顺利地过了关。

案例中的小董很是聪明，知道这是家庭聚餐，而不是商务餐，一切从实际考虑，只点对的不点贵的，更是抓住了老人的饮食特点，准备得细致入微，这样用心，怎么会让人不满意呢？下面我们就根据几个不同的年龄段，来说说他们各自不同的饮食习惯吧。

一、少年儿童的饮食特点

少年儿童是指18岁以下的未成年人群体。现在的家庭大多是独生子女，子女是家庭生活的中心。因此在请客吃饭时，一定要注意客人所带孩子的需要和喜好。例如，应备有适当的幼儿坐的椅子、摔不坏的餐具、专为儿童设计的菜点、各种赠品（如气球、图画、玩具、书籍等）、儿童音乐等。

低龄儿童对食物的注意和兴趣一方面来自食物的外观因素，如食物的图案、包装、色彩、造型等。另一方面少年儿童对食物的认识带有很大的模糊性，他们往往以"好看""我要"、感兴趣等情绪因素为主，凭直观、直觉、直感来决定饮食消费。随着年龄的增长，尤其是进入初中以后，开始对食物的品牌、知名度、风味和流行情况等表现出关心和兴趣，至此，少年儿童对食物认识的直观性、模糊性开始下降。

二、青年人的饮食特点

青年是人生中从少年向中年过渡的阶段。一般来讲，青年通常是指18岁到35岁的人，处于这一时期的人往往是新食物、新的饮食消费行为的追求者、尝试者和推广者。在饮食消费时的表现是反应灵敏、酝酿短暂、决定果断，在认为合意、值得的心理支配下，感情的作用超过计划的预算，特别是在一些新潮、时尚、紧俏等食物的购买上，冲动性购买多于计划性消费。

三、中年人的饮食特点

在我国，中年饮食消费者一般指年龄在35岁到55岁的人。中年人注意食物的实用性，不像青年人那样更多地追求食物时尚，而是对食物的实用性及价格给予更多的关注，表现出计划性强，具有较强的求实心理和节俭心理。

四、老年人的饮食特点

老年人一般指男60岁以上、女55岁以上的人。他们要求吃松软易消化、富有营养的食物，他们最为关心的是延年益寿、身体健康和晚年生活丰富。由于感知能力的衰退和体力不足，在饮食活动中希望得到更多的关怀和照顾。请老年人吃饭最好选老字号饭店，点传统的名菜、名点和名酒，以满足老年人的饮食惯性心理的需要，同时也能唤起一些人对过去岁月的回忆，使其感到亲切、可信。

应酬策略

让每个与宴者高兴而来、满意而归才是最成功的宴请。老幼有别，饮食习惯也各不相同，所以，我们不要顾此失彼，让宴会出现有的人"撑死"、有的人"饿死"的情况。安排宴会的时候，要搭配得当，做到老幼兼顾。

宴会点菜，犹如战场点兵

有人说："点菜如点兵。把握不好，全盘皆输。"这话一点都没有错，点菜看似简单，其实是值得人们探讨的一项很复杂的工作。点得好，色、香、味俱佳，满堂生辉，宾主欢愉；点不好，往往白花了许多钱却讨不到好。一桌完美的菜品，不仅要搭配得当，使宾客满意，还要考虑价格的高低。所以，点什么菜、让谁点菜、如何让各个菜品搭配得相得益彰，都是一门精深的学问。

点一桌既好吃又好看的菜，是成功宴请的必要条件。因此，在宴请之前，主人最好是在客人到场之前先有一个安排。但是，我们都是凡人，总不能每次都未雨绸缪、先人一步吧？面对突如其来的意外，没有一手点菜的硬功夫，往往会把自己陷入尴尬的境地。宴会交际越来越重要，会点菜也变成了一项重要的"生存"技能，因为不会点菜而丢掉职位的事情还真不是新鲜事。

夏雪大学毕业后在一家公司当秘书。一天，老板准备宴请新来的员工，于是让她去酒店预订包房并点菜。

到了酒店，服务员很热情地为她递上菜谱，面对眼花缭乱的菜品，她真不知道点什么菜好，点太贵的菜，怕老板说浪费；点一般的菜，又怕老板说太小气，夏雪简直是左右为难。

把菜单从头翻到尾，夏雪依然没有头绪，急得直挠头，看到手足无措的夏雪，服务员却瞅准了时机，大秀推销之能事，把夏雪忽悠得晕乎乎的，于是就按服务员推销的菜胡乱点了一通。

结果，因为搭配不当，许多菜无人问津，浪费了不少。第二天，老板把夏雪叫到了办公室，夏雪看老板的脸色很不好，忐忑不安。

"小夏，作为一个秘书，安排宴会是最基本的一项工作，而你却办得一塌糊涂，昨天幸亏请的是自己人，如果是客户，弄不好生意就会泡汤，那将是公司的损失，我觉得你不适合秘书这一职位，明天会给你安排新的岗位。"老板说。

夏雪从老板的办公室里垂头丧气地走了出来，因为一个宴会丢了职位，真是够冤的。

夏雪冤吗？一点都不冤！正如老板所说，安排宴会是秘书最基本的工作，连最基本的工作都做不好，那么，怎么能让人不怀疑她的工作能力呢？

参加宴席能看出一个人的整体素质，点菜也是一个人工作能力的体现，那么，怎么才能够像专业的点菜师一样点出让人满意的菜呢？下面就根据不同情况教给大家几个点菜的技巧，让你以后在筹备宴席的时候，能够信手拈来，办出一桌漂漂亮亮的宴席。

一、了解众人口味

知己知彼方可百战不殆，掌握同席之人的口味是第一步。在点菜前一定要先问问桌上同餐者有没有什么人有特殊忌讳，比方说素食者、不食牛羊肉者、不吃辣椒者、不吃海鲜者等。做到心中有数，点菜时就可以兼而顾之，不会有人大快朵颐，有人停箸默然。另外，酸、甜、苦、辣、咸各种口味菜肴的搭配要尽量照顾到大多数就餐者的喜好。

二、注意营养搭配

从营养的角度来看，要注意膳食平衡，即注意谷、果、肉、菜、豆等各类食物品种齐全、比例适当。根据就餐者的年龄、个人嗜好、身体状况及就餐季节，点菜时应注意荤素搭配、软硬搭配和冷热搭配。

对海鲜、畜肉、禽肉、豆类及其制品、蔬菜及水果等应全面考虑，但要注意肉类不宜太多。在重视饮食营养的今天，一定数量的素菜是必不可少的，菜肴中应有1/3以上是绿色蔬菜和豆制品。这样可以通过荤素搭配保证营养平衡，在色泽和口感上也有新鲜感。若是担心素菜显得不够高档，可配些草菇、香菇、虾仁等增加"美食感"。软硬搭配主要是考虑照顾好老人和小孩，另外注意油炸食物不宜太多。如果就餐者中有患有高脂血症、糖尿病等疾病者，应注意点一些低脂、无糖、高纤维素的菜，并且注意冷菜及冷食不宜过多。

三、点菜的数量

如果是两人共餐，其中有女性，可以点一荤一素两个冷菜，或加上一个卤水菜肴，再点一个高档的蔬菜、一个海鲜、一个荤素小炒即可。如果是那些注重饮食营养的人，各自再加一个小炖盅就可以吃得风光而体面了。如果是与生意上的客户共进晚餐，在双方不熟悉的情况下，点菜点得恰到好处，凉热荤素、鸡鸭鱼肉搭配得当是非常关键的问题。一般工作餐会是三五成群，所以点的冷菜不仅要有海鲜、卤水，最好还要有一些别致的小菜。而热菜要有一道高档海鲜，外加两道荤素小炒，一道带肉主菜，一道清口蔬菜，汤煲、点心、水果各一道即可。

千万不能有"我有的是钱，我点的菜吃不完有什么关系"这种想法，如果菜吃不完，不但浪费食物，而且对餐厅和客人都是一种不礼貌的行为。

四、点菜的顺序

中餐宴席菜肴上桌的顺序，各地不完全相同，但一般普遍依循下列六项原则：先冷盘后热炒；先菜肴后点心；先炒后烧；先咸后甜；先味道清淡鲜美，后味道油腻浓烈；好的菜肴先上，普通的后上。一般情况下，点菜也要遵循这个顺序。所以，点菜时，首先注意一定要先点上几个凉菜，以免桌上空空荡荡。

要想成为点菜高手，不是那么容易的事情，也许我们一下子无法达到点菜的至高境界，毕竟我们既不是专业的点菜师，也不是天天琢磨研究点菜之道，但我们可以学习上面的点菜方法，了解点菜的一些注意事项，在点菜前多了解即将参加宴会者的喜好与忌讳。相信用不了多久我们也可以像专业的点菜师那样点出令众人满意的菜品。

应酬策略

点菜时也要注重高、中、低不同档次菜肴的搭配。根据经验来看，10个人聚餐，高档的菜肴只要2到3个就可以了，而且其中最好有一个是其他饭店不常做的菜。在低档菜中选取该饭店的一些特色菜，这样能给赴宴者留下深刻印象，主人也不失体面，从而达到宾主尽欢的目的。

不要陷入点菜的陷阱

主办一次成功的宴请，对你的社交能力是一场严峻的考验。除了要考虑选择什么档次的酒店，还要考虑门口是否有停车位，怎么排座位，如何把握气氛、调动来宾情绪，男女客人之间的交流、主客之间的沟通是否方便……在这些复杂繁多的注意事项当中，要防止自己掉进点菜的陷阱，否则，自己当了冤大头，还不能让客人尽兴而归，那样你就达不到宴请的目的。

小文和他的客户一直都联系紧密，没有合作的时候也会时常打电话问候一下。这天有个外地客户突然来访，平时在电话里他可没少吹嘘当地的美食，这次人家既然来了，当然要请他尝尝传说中的特色风味了。

于是，那天客户到来之后，小文带其去了附近的一个酒店就餐，进入包厢之后，刚入座，服务员就热情地递上了菜单，不容小文细细挑选，服务员就当着客户给小文指点"光明大道"，把推销发挥到极点："先生来个清炖甲鱼，或者葱炒膏蟹，要不要来个刺身三文鱼，还有基围虾、东星斑……"每个菜都数百元，小文拗不过服务员的三寸不烂之舌与死缠烂打的招数，又碍于面子，依着服务员点了基围虾和东星斑，结果端上来的虾断头断脚，明显不新鲜；东星斑则足足有两斤半重，分量超过四人享用不说，吃起来还肉质如柴、如同嚼蜡。

　　本来做了冤大头的小文，开始还强装笑脸，现在却非常地懊恼，本以为500元可以搞定的午餐却花费了千元，客户还一个劲地抱怨："这些海鲜都不新鲜，吃得我肚子直闹腾。"小文心里很不高兴。

　　点菜时，服务员一般会极力推荐最贵的菜肴。如果你对就餐的饭店比较陌生，只需听听该店的特色菜是什么、哪个菜卖得最好、口味和价格是什么即可。对于服务员反复再三、格外卖力的推荐最好拒绝，其中大多有猫腻。比如积压的死鱼烂虾会在服务员死缠烂打的推荐下，不知不觉端上你的餐桌；价格昂贵的菜肴在你保全面子的同时不仅满足了酒店老板的腰包，还丰富了服务员的奖金。除了推销陷阱之外，还有很多陷阱也是让人防不胜防的，下面就给大家列举几个。

一、狸猫换太子

　　这个月的业务做得不错，小林的奖金不菲，于是想叫上两个好友去酒楼里好好撮一顿。选了三只肥蟹，服务员当着她的面过秤，一共980克。然而，当服务员把做好的蟹端上来的时候，小林却发现自己挑选的蟹个头小了很多，即使是蟹蒸熟了会有一些损耗，也不致缩水到这个地步吧？很显然是在制作过程中被偷梁换柱了。小林认定自己的蟹被掉了包，店家却死活不承认。

偷梁换柱是不诚信的酒楼里坑顾客最常用的伎俩，他们往往采取将大换小、以死充活等伎俩欺骗消费者，特别是水产、海鲜等贵重菜肴，就餐时一定要注意。但这种事也真的是防不胜防，还要靠店家自觉、自律，莫非还要顾客跟进厨房看着厨师不成？

二、账单出错

那天，小艾和男朋友请几个姐妹吃饭，点菜的时候小艾粗略估计了一下，也就400多元的样子，饭后结账的时候却发现他们吃了600多元。在他们的再三要求下，服务员才拿出菜单核对，每份菜的价格都要比价目表上高10元到20元。小艾非常气愤，店家却轻描淡写地说是写错了。一两道菜失误还算正常，每道菜都写错了，分明是故意的，面对店家的狡辩，小艾心里很明白是怎么回事，也没跟他计较，只是心里决定了，以后再也不到这家饭店吃饭了。

一般结账的时候，很少有人会去核对账单，这就给了一些不良饭店可乘之机，借此故意多收、多算，消费者发现时就以算错为由推脱责任。特别是对待一些酒足饭饱、醉意阑珊的顾客，饭店往往会多计酒水。酒瓶已被服务员收走，多收的无法对证，只能吃哑巴亏。所以，消费者点菜时一定要看清菜单以及所点每道菜的单价，结账时务必仔细核对菜价、酒水数量。

当然，阴阳菜单属于欺诈行为，消费者也可按照《中华人民共和国消费者权益保护法》第四十九条关于双倍赔偿的规定，"经营者提供商品或者服务有欺诈行为的，应当按照消费者的要求增加赔偿其受到的损失，增加赔偿的金额为消费者购买商品的价款或者接受服务的费用的一倍"，要求店方双倍赔偿。

三、单位概念模糊

平时杜鑫是很少和妻子去下馆子的，因为两人都是工薪族，要想在这个城市买一套房，不得不精打细算。这天正好他升了职，这样的喜事当然值得庆贺，于是破例和妻子去了火锅店，准备好好撮一顿。翻开菜单，点了几个菜之后，杜鑫问鱼是怎么卖的，服务员指着菜单，见上面标着"18元"的字样，杜鑫问道："是18元一斤吗？"服务员回答："是！"杜鑫觉得还不贵，好不容易和妻子出来吃一次，就要吃点好的，于是说："那好吧，给我们来一斤。"菜上齐了，杜鑫和妻子大快朵颐了一番，吃完结账，问题却出来了，原本18元的鱼变成了180元。杜鑫让店家解释是怎么回事，店家说我们的价格是按每两计算的。杜鑫问当时怎么不说清楚，店家说一切以菜单为准，杜鑫气极，本来想好好吃一顿饭，结果是给自己添堵。

有关专家指出，利用单位换算和群众习惯的消费心理，设陷阱，套顾客，玩斤两把戏，是一些不法经营者常用的一种手法。除此之外，有些饭店以小盘为单位标价，服务员却故意推荐大盘或中盘，等消费者结账时才会发现需付的金钱远远超出了心中的预算。

因此，消费者到酒店和饭馆消费时，不但要听，更要认真地看；不仅要看点过菜的菜单，更要看每道菜后面的价格，包括酒水的价格。要在消费前弄清自己所要消费的价位，不要给不法经营者留下可乘之机。如遇收费不合理，除了要当即指出外，还要迅速向当地工商行政机关和消费者协会投诉。

四、隐性收费

老唐是个老教师，他的很多学生在社会上的成就都还不错，这天是老唐的67岁生日，几个学生一起来看望他，老唐非常高兴地带着学生送的茅台酒一起去酒店就餐。这顿饭大家都吃得很高兴，但结账时老唐却惹了一肚子不高兴。原来，酒店提供的盖碗茶每碗收费3元，每人面前的餐巾包收费2元，每人一套餐具收费2元，等菜的时候上来的花生、瓜子，每碟均是2元，连自己带的一瓶茅台酒都被收取了20元的开瓶费，而这些收费项目并没有人事先告诉老唐。

时下，许多酒店、餐馆的服务都是全方位的，如热毛巾、餐巾纸、瓜子等，而这些令消费者舒心的服务却并不都是免费的，往往是享受服务在先，而收费在后。

当然，也不是每个酒店均是以这些陷阱谋取利益，也有的酒店从消费者的切身利益出发，让消费者享受到宾至如归的贴心服务，不但让消费者吃得开心，也为自己建立了良好的信誉。

应酬策略

所谓害人之心不可有，防人之心不可无，虽然现在严厉打击不法商家，但也总有那么一些人钻法律的空子，变着法牟取暴利。因此，在外面吃饭，多留一个心眼是没错的。

切勿因点菜失了风度

　　有些人请客吃饭，喜欢贪图小便宜，进门就问："今天有什么又好又便宜的特价菜啊？"弄得一旁随同前来的客人直皱眉，客人心里想："难道说，我在他心目中是那种只配吃特价便宜菜的人？还是说，他原本就是个贪图小便宜、目光短浅，又毫无生活质量的人？看来我得重新考虑跟他合作（交往）的事情了。"这场宴会才开头，你就让对方心里有了疙瘩，那么，接下来你原本想通过聚餐进一步与对方加深关系的目的也就落了空。

　　提倡勤俭节约、拒绝铺张浪费是宴会一贯主张的原则，但是，这需要讲究技巧，而不适宜大张旗鼓地表现出来，或是让对方察觉出来，否则就成了小气吝啬的表现，直接影响对方对你的看法，甚至会打消对方原先打算与你交往的想法，可能因小失大，得不偿失了。

　　洪涛高高瘦瘦，斯斯文文，长得秀挺帅气，一看就是很讨女人

喜欢的那种人，但是，他却一直没有女朋友，不是他不想找，而是他和一个女孩总是交往不到一个月就吹了。也许大家都以为是洪涛花心，其实不然，洪涛对每一段感情都非常认真，但是总是逃不掉被甩的命运。眼看年龄越来越大，洪涛自己都急了，亲朋好友也忙着为他张罗。

在姨妈的介绍下，洪涛认识了一个年轻漂亮的姑娘，两人对彼此的印象都不错，于是开始约会。

那天，是他们第一次单独约会，老天爷为了渲染气氛，零星地下着小雨，他俩没有打伞，沿着林间小路边走边聊，空气里弥漫着恋爱的气息。

他们从学生时代一直聊到现在的工作，两人越聊越投机，雨也越下越大，两人便走进了路边的一家餐厅。一个原因是为避雨，另一个原因就是也到饭点了，边吃边聊容易增加感情啊！

洪涛刚坐下，便四处打量起来。这是一家西餐厅，看那装潢设计就知道价格不会便宜，翻开菜单一看果然如此。洪涛连忙对姑娘说："这家餐厅太贵了，咱们在这吃不划算，不远的一条街上有很多家常菜馆，经济又实惠，要不咱们去那边吃吧？"姑娘皱皱眉说："话是不错，可是外面的雨太大了，一出门咱们都得湿透了，还是就在这里吃吧。反正就这一回，也不是天天来，就当奢侈一回了。"姑娘说完还故意眨眨眼，笑了笑。

于是，洪涛只好心不甘情不愿地开始点菜，他问服务员说："这个牛排怎么那么贵啊？没有便宜的吗？"服务员说："对不起，先生，我们这是上等的菲力，您吃了一定会觉得物超所值的。""那这个浓汤呢？量有多少啊？""这……"洪涛一个一个地问，服务员一个一个地答，而姑娘的脸色愈来愈难看。最终洪涛点了最便宜的面包和浓汤给自己，给姑娘点了一份牛排。

接着，在吃饭的过程中，洪涛一直在念叨"亏了、不划算"之类的词，听得姑娘火了："你别念叨了行吗？不就是贵了点吗？咱们AA制不就得了吗？至于一直念吗？"洪涛见姑娘误会了，赶紧解释说："我不是这个意思，我只是觉得这样有点浪费。"姑娘说："算了，你这个人太小气，别不承认了，你不就是觉得咱俩还没交往，你请我吃大餐太亏吗？算了，这顿咱们AA制，以后也别见了，难怪你一直找不到对象呢！"姑娘说完放下钱起身就走了。

洪涛只是太过勤俭节约，觉得这样浪费没有必要，结果却捡了芝麻，丢了西瓜，实在是一桩亏本的"买卖"啊！

请客吃饭不同于平常吃饭，虽然节约是应该提倡的美德，但请别人吃饭你必须考虑对方的感受，对方喜欢什么，想吃什么，只有让对方吃得尽兴，你才有可能达到宴请的目的，否则很有可能落得上述案例中洪涛的下场——竹篮打水一场空，还可能影响你的形象，给对方留下小气、吝啬的印象。

现在这个社会，生存压力越来越大，作为一个男人，要做经济适用型男人并没有错，但是该大方的时候还是要大方一点，如果在饭桌之上给人留下吝啬、小气的印象，导致社交失败，就得不偿失了。

第五章

餐桌上的细节决定

社交的质量

吃相是一项重要的评分标准

有人说，你怎样品味食物，别人就怎么品味你。也有人说，在你细品食物的同时，别人也在细品你。你在餐桌上的言行举止，会直接影响别人对你的看法，对方能够以你的吃相来判断你是不是一个值得合作的人。真可谓是"成也吃相，败也吃相"。

章凯大学毕业后到一家公司应聘工作，该公司通过了技能考核后，决定对他试用三个月。章凯非常高兴，没有想到自己这么顺利就应聘上了。

第一天上班，章凯早早地就去了，早上也没有什么事，就是大致了解了一下公司的情况。中午的时候，老板请一客户公司的经理吃饭，让章凯也一起去。

宴会上，章凯若坐针毡，在老板与客户的谈话间，他便匆匆将饭吃完了。回到办公室，老板对他说的第一句话就是"明天，你不用来了，你不适合我们的单位"。老板还说他吃饭的时候声音太大，而且吃完饭后还用筷子当牙签，当着众人的面剔牙，实在有损公司的形象。

章凯只好遗憾地离开了这家公司，他怎么也没有想到，用人单位竟然会因为自己吃相不雅而炒掉自己。

据有关报纸报道，目前有很多大型私营企业集团招聘，都将"吃相"作为一种辅助面试手段。把"看吃相"时掌握的信息，与个人素质和业务经验考核等要素结合起来，综合分析一个人的能力。吃相如此重要，面对宴会上的意外情况，我们该怎么避免不雅的吃相呢？

一、吃到太烫或变质的食物

假如你吃了一口很烫的东西，一定要迅速地喝一大口水。只有当身边没有凉饮料并且你的嘴要被烫伤时，你才可以把它吐出来。但应该将其吐在你的叉子上或者手上，并快速把它放在盘子边上。遇到变质的食物也要这样处理。例如，如果吃了一口变质的牡蛎或蚌，不要直接吐出它，而要不动声色地将其处理掉。把食物吐到你的餐巾一角是不雅观的，更不可以随便吐到地上。

二、异味或异物入口

异味入口时，不必勉强吃下去，但也不要引起在一起吃饭的人的不快。这时，你最好的办法就是用餐巾把嘴盖住，快速地吐到餐巾上，然后尽快地召唤服务员来处理，并要求他给你更换一块干净的餐巾。

如果食物中有异物，比如说石子，你可以用筷子取出，放在盘子的一边。如果看到让你感到惊讶的异物时，比如说虫子，千万不要大声叫喊，这样会显得你修养不够。你最好心平气和地要求换掉，也可以向主人或服务员示意一下，尽量不要站起来说。切勿花容失色地告知邻座的人，以免影响他人的食欲。

三、弄洒了汤汁

把汤汁弄洒了，无论是对主人还是自己来说，都是一件十分麻烦的事情。如果你不小心弄洒了汤汁，可以用以下方法应对。

（1）如果你在桌椅上泼洒了一点酱汁，可用餐巾擦拭；如果餐巾已经很脏，就应小心折好后交给服务员处理。

（2）如果你不小心把咖啡、汤一类的液体洒在你的茶杯托盘里，可以用餐巾纸吸干，以免你拿着杯底很湿的杯子时，又弄脏别处。

（3）如果你的汤汁洒了很多，应叫服务员来清理你弄脏的地方；如果不能清理干净，服务员会再铺下一块新餐巾，把脏东西盖住。

（4）如果连你的座位上也弄上了大量的污渍，你可以向服务员或主人再要一块餐巾盖在你弄脏的地方，同时向主人和客人致歉，因为你为他们带来了不便。你也可以对自己闯的祸开个玩笑，让大家很快忘记发生的事，从而缓解自己的尴尬。

除了上面三个意外情况，在进餐的时候，一定不能做下面的动作。

（1）别当众打哈欠。在餐桌上打哈欠常常给别人这样的感觉：对饭菜或谈话没有兴趣，已感到很不耐烦了。如果在大庭广众下你控制不住打哈欠，一定要马上用手捂住嘴，接着说："对不起。"千万不可毫无顾忌，张口就来，那样容易让对方心生不快。

（2）不要在餐桌上咳嗽、擤鼻子。一般情况下应克制这样的行为，因为这样的动作实在是太失礼了。如果无法控制，最好用自己的手巾或手捂住鼻子。如果你使用了餐巾，则要轻声告知服务员，请他们替你更换一下。

（3）不要在餐桌上当众剔牙。如果你的牙缝里塞了东西让你感到不适，先喝口水漱口，如果仍无法冲刷出来，也别在餐桌上用牙签剔牙。这时你应到洗手间去处理。如果你确实需要当众剔牙，最好用一只手挡住你的嘴，千万不要咧着嘴冲着他人。

应酬策略

在宴会中要尽量避免不雅的吃相，毕竟你的事业可能在餐桌上发展起来，也可能在餐桌上跌落，千万不可因为吃相影响别人对你的看法，从而导致宴会上谈话不快。

进餐时请降低你的分贝

西方的一些沟通专家把声音誉为"沟通中最强有力的乐器"，然而很多人却不知道有时自己的声音犹如坏了的乐器发出的噪音，其恐怖程度可媲美"超声波"，常常令周围的人深感头痛。

用餐中少不了谈天说地，在高兴之余，切忌乱拍桌面，或以筷子敲击杯碗唱和起来，或是高声划起酒拳来。一定要记住，谈话宜小声，笑闹也需节制，因为餐厅是公共场合，别人的权益必须尊重，换个角度看，也是尊重自己。

蔺戴是公司新来的员工，刚刚大学毕业，性格活泼好动。这天公司在附近餐厅举办迎新会，以便新员工与老员工的进一步交流，为以后的公事交际打下基础。蔺戴作为新员工代表发言，可能是性格原因，也可能是想在大家面前出出风头，蔺戴开始了她的即兴演讲。只见她侃侃而谈，超高分贝的声音震慑全场，甚至连玻璃杯都在隐隐颤动。或许是对自己太过自信，蔺戴发表了半小时的演讲后还意犹未尽，丝毫不顾主持人在一旁朝她使了半天眼色，还在那里没完没了地讲。经理看了直皱眉头，在场的其他同事碍于情面又不好遮起耳朵，邻近门边的同事都借故闪出了门外。

蔺戴原想通过即兴发言给大家留下一个好的印象，谁知由于她的声音过于刺耳，反而让人感到不舒服。更何况她完全忘记了自己所处的场合和身份，只顾没完没了地自我表现，怎么能不让人头痛呢？

语言沟通在宴会中是必不可少的，既然如此，我们必须注意塑造自己的声音。要知道，动听的声音应该是饱满、充满活力、能够调动他人的情感、引起他人的共鸣的。如果不注意声音的塑造，以尖锐的声音去获取别人的注意力，只会在不经意间毁坏自己的形象。毕竟谁愿意让那会令自己头痛的"超声波"刺激自己的双耳，扰乱自己的听觉神经，破坏自己的情绪呢？

所以，无论你是设宴还是赴宴，无论你是男士还是女士，都要注意在宴会进行中以生动的声音表现自己，尽量避免自己的地方口音，力求以抑扬顿挫的声调表现自己充满激情的精神风貌，并且要明确自己的身份以及与宴的目的，把握好音量，切忌不拘小节，以"超声波"蹂躏宴会上的其他人，惹人生厌。

应酬策略

宴会不论大小，正式或非正式，每个人都应该而且要善于与同桌的人交谈，特别是与左右邻座。在宴会上一声不吭是不礼貌的。但是，说话要掌握时机，讲话内容要看交谈的对象，不要只顾一个人夸夸其谈，或谈些荒诞离奇的事而引人不悦。

酒杯也要学会低头

为什么人们在饭桌上祝酒时要碰杯呢？有两种解释。其中一种解释说这种方式是由古希腊人提出的。传说古希腊人注意到这样一个事实，在举杯饮酒之时，人的五官中，鼻子能嗅到酒的香味，眼睛能看到酒的颜色，舌头能够辨别酒味，而只有耳朵被排除在这一享受之外。怎么办呢？古希腊人想出一个办法，在喝酒之前互相碰一下杯子，杯子发出的清脆响声传到耳朵中，这样耳朵就和其他器官一样，也能享受到饮酒的乐趣了。

另一种解释是，喝酒碰杯起源于古罗马。古罗马崇尚武力，常常开展角力竞技。竞技前选手们习惯于饮酒，以示相互勉励。由于酒是事先准备的，为了防止心术不正的人在给对方喝的酒中放毒药，人们想出了一种防范方法，即在角力前，双方各将自己的酒向对方的酒杯中倾注一些。以后，这样的碰杯便逐渐发展成为一种饮食礼仪。

小陈是大陈的堂弟，刚刚大学毕业，现在给大陈做秘书。一日大陈带着小陈赴宴，一方面是让他多见见世面，另一方面是介绍一些生意上的客户给他认识，以便于小陈日后的工作。

　　席间敬酒不断，不管谁敬酒，小陈都会随着堂哥站起来陪敬，可是每每举杯时，小陈的杯沿总是高出其他人许多，而且总是碰得酒杯"咣咣"作响。小陈这种表现让大陈深觉脸上无光，不时拿眼睛瞪小陈，可是小陈却不明所以。

　　为什么大陈不时瞪小陈呢？小陈做错什么了吗？是的，别人敬酒时，站起来是没错的，可是小陈不知道一般敬酒时自己的酒杯都得略低于对方。如果对方是长辈且是自己的上级，一般是碰其酒杯的1/3处略低，而且碰杯时不是拿整个杯子去碰，而是略倾斜酒杯，拿自己的酒杯口去碰，但不要太倾斜，否则有做作之嫌。如果对方是官级比你高很多的领导，或是年纪很长的长辈，你就要用双手敬酒。另外，也不必碰得酒杯"咣咣"作响，只要发出清脆的碰撞声即可。

　　酒桌文化有一定的讲究，如何敬酒要因人而异，也可能因地区文化的差异而有所不同，要具体情况具体对待。

　　除此之外，饮酒干杯时，即使不喝，也应该将杯口在唇上碰一碰，以示敬意。喝酒时绝对不能吸着喝，而是倾斜酒杯，好像是将酒放在舌头上似的感觉。此外，一饮而尽、边喝边透过酒杯看人、边说话边喝酒，都是失礼的行为。

　　酒桌之上，干杯可以拉近彼此的距离。干杯的时候一般都要象征性地碰杯，碰杯的时候杯子低于对方是对别人的尊重，这个细节是一个人涵养的体现。另外，当你和对方距离比较远的时候，你可以用杯底轻碰桌面，表示和对方碰杯。

一个饱嗝、喷嚏的蝴蝶效应

科学家洛伦兹在演讲中说，一只蝴蝶在巴西扇动翅膀，有可能会在美国的得克萨斯引起一场龙卷风。从此以后，"蝴蝶效应"之说不胫而走。既然蝴蝶的翅膀扇动一下就可能引起一场龙卷风，那么一个饱嗝招致应酬失败的事件也就不足为奇了。

快到十点了，看着客人们一个个酒足饭饱、心满意足的样子，何老板觉得差不多了，于是提出："各位尊贵的客人，不知道上回跟几位提过的用我们公司的模特作为你们公司新车发布会形象大使的事，你们觉得如何？"其中一位客人说："这件事嘛，之前总公司那边的意思是希望找一些电影明星的……"何老板见对方没有完全拒绝，知道还有商量的余地，忙说："各位是知道的，我们公司的模特在国内的知名度并不亚于那些二线明星，可是在价位上却低了很多，相信一定不会让贵公司后悔的。"几位客人一时决断不了，便要求商量一下。过了一会儿，何老板不小心打了个饱嗝，然后又故作无事的样子。其中，一位客人对其他几个客人笑着说：
"要是他公司的模特都和他一样，咱们的新车发布会就得'五味杂
陈'了。"最后，客人们表示这件事情得上报总公司，由总公司决
定，便都推托有事在身，提前离席了。

何老板一定没有想到自己无意间的一个饱嗝，竟然会产生那么
大的连锁反应，导致合作无法达成。所以我们在参加宴会时要注意
一下微小的细节，因为我们的任何一个小动作或是小细节都可能引
起对方的联想或想象，从而影响彼此间的合作，导致我们的生意失
败。生活中，打喷嚏是很平常的事。可是，你知道吗？有的人的生
意正是因为一个意外的喷嚏而飞了。

老金是做进出口贸易的。有一次，他邀请一位美国客户及其夫
人到一家高档饭店共进晚餐。酒菜上齐后，双方就合作意向表达
了自己的看法，约好饭后签约。可是在双方谈兴正浓之时，老金
突然打了一个响震四座的喷嚏，鼻水连着他嘴里的菜渣汤水，全
喷在满桌的佳肴上以及那位美国客户夫人的脸上，还没等老金说
"Sorry"，那位夫人已经以餐巾捂着脸，跑出了包间。那位美国客
户只好说了声"Sorry"，就追自己的夫人去了。事后，那笔生意也
因此泡汤了。"不就是个喷嚏吗？至于那么大的反应吗？"老金非
常郁闷。

一个喷嚏真的没什么大不了吗？如果你也和老金一样想就错了。且不说喷嚏的飞沫带有病毒或细菌，可能导致呼吸道交叉感染疾病的可能性，就说案例中老金那个惊天动地的喷嚏，一下子弄得对方的夫人满脸都是，而桌上原本正吃着的饭菜里也都是他的鼻水、口水等，实在是让人感到恶心，生意自然无望。

那么，在宴会中如果真的克制不住想打喷嚏怎么办呢？实在不能抑制时，用手帕或餐巾纸遮挡口鼻，转身，脸侧向一方（这一方一定是没有人的），尽量低头并压低声音，这样在不影响其他人的情况下，完成全部步骤。千万不可错认为打个喷嚏没什么，所以就震惊四座，那样只会将你的生意一下子"打跑"。

应酬策略

餐桌之上，咳嗽、打喷嚏、打饱嗝都是失礼的行为。如果实在忍受不了，可以去洗手间，等一切平复了再出来。如果连去洗手间都来不及的话，则可以用餐巾将嘴捂住，完了之后一定要礼貌地向其他与宴者道歉。

公共场合的禁烟公约

喜欢吸烟的人都有句口头禅："饭后一支烟，赛过活神仙。"先不说这句话正确与否，就说在宴会这种特定的情境下，你能毫无顾忌地饭后来支烟吗？

朱珠是个典型的新时代女性，追求刺激、潮流，对于常常泡吧的她而言，吸烟喝酒是很平常的事。

某日，公司组织员工聚餐，由于是工作餐，经理要求大家放轻松，不必拘束。这样一来，大家都明显放松了许多。朱珠也一扫原先在办公室努力扮演的淑女形象，吃完饭就极自然地掏出一支女性烟娴熟地点燃，毫无顾忌地抽了起来。一旁的同事惊讶地说："朱珠，你还吸烟哪？哎呀，我一直以为……"同事话说了一半，没了下文。这时朱珠笑着说："吸烟嘛，没什么大不了的。不是有句话叫'饭后一支烟，赛过活神仙'嘛。怎么样，要不要来一根啊？"同事赶紧摇摇手说："不用了，谢谢，我不会吸烟。"

在以后上班的日子里，朱珠发现大家对她跟以前不一样了，在她面前总是言辞闪烁，可是背着她却又常常嘀咕些什么。一天在茶水间，朱珠无意间听到更衣室里两位同事的对话。"我就说她是装的吧！你那天没见她那吸烟的样子，一看就知道不是什么正经人！""真想不到，她竟然是这样的人……"

后来，关于朱珠常常出入夜总会，甚至夜不归宿等的传言在办公室里不胫而走，朱珠知道自己待不下去了，只得辞职。事后，朱珠叹气说："都是饭后那支烟闹的啊！"

朱珠由于饭后的一支烟让同事们对她产生了误会，其实女性吸烟也没什么大不了的，只是朱珠当时旁若无人的"陶醉"行为破坏了自己的形象，让大家对她产生了误解。所以，在饭桌上吸烟一定要谨慎，因为随意吸烟的恶果往往会令你得不偿失、后悔不已。

现在很多餐厅或其他公共场合都有禁烟的规定，或者设立专门的吸烟室，所以在外面吃饭想要吸烟的时候，一定要考虑别人的感受，尽量做到能不吸烟就不吸烟。当然，人们对于吸烟的道德公约是普遍存在于饭桌上的，不仅在饭店吃饭要注意，受邀到别人家中进餐时更要小心遵守。

即使是在没有明文规定禁烟的地方，在饭桌上吸烟也最好先向同桌的用餐者礼貌地询问："我可以吸烟吗？"待得到肯定的回答后再抽。一般来说，当你提出"可以吸烟吗"这样的请求时，周围的人即使讨厌，也不好意思说"不行"，所以你最好尽量避免在饭桌上吸烟。即便真的得到别人的肯定答案，吸烟时，也要注意举止端庄而稳重，持烟之手不能随意舞动，更不能把烟雾吹到别人的脸上和饭菜上。另外，一支烟，不能吸到过滤嘴边缘，那样显得吝啬、小气，也不要刚吸到一半就丢掉，故充阔绰。

假如是在亲戚朋友家中做客，餐桌上没有烟灰缸，吸烟时就可能把烟灰弄到餐桌上，这是十分失礼的。如果没有准备烟灰缸，最好等餐事完全结束后才拿出自己的烟（当然要先向女主人询问是否可以吸烟）。假如是在餐馆里，而烟灰缸又不在桌上，应吩咐服务员为你准备一个烟灰缸。此外，要注意不能用餐具代替烟灰缸，不应叼着烟讲话，而且要注意随时随地把烟灰、烟头放入烟灰缸中熄灭，不可将其随意丢弃。

应酬策略

餐桌上一般来说要考虑大家的感受，最好是不吸烟，如果你实在想吸烟，可以向服务员说明，让他为你在吸烟区找个位置，避开大家。对于男士来说，这样可以显示你的风度，对于女士来说也不会损坏你平时的形象。

如何优雅地"吃不完兜着走"

中国是个提倡勤俭节约的国家。古语有云,"成由勤俭破由奢",我们从小就被教育说"要勤俭节约""不可浪费粮食""谁知盘中餐,粒粒皆辛苦"。著名环保人士梁从诫说:"我国有13亿人口,如果每个人浪费一点,拿13亿一乘,这数目大得惊人。如果每个人节约一点,拿13亿一乘这个数字也相当可观。"然而,很多宴会都是造成浪费的罪魁祸首。

一般请客吃饭,主人都会精心准备饭菜酒水,绝对不会在酒菜数量上有怠慢客人之嫌,以至于饭菜不够吃,酒水饮料不够喝,所以,宴会之上,大多数情况下都是只多不少。那么酒足饭饱后,面对那一桌桌没有吃完的饭菜怎么办?我们是不是应该遵从节约不浪费的原则把饭菜带回家呢?是的。但如果你不是宴会的主人,那么直接打包则有贪人小便宜的嫌疑,难免落人口实。

经理为女儿设宴庆贺十岁生日,江晨带着妻子和他们六岁的女

儿佳佳一同前往赴宴。席间，经理夫妇对江晨夫妇带着孩子前来赴宴表示感谢。经理的女儿也很喜欢江晨的女儿佳佳。由于是孩子的生日宴会，经理办的是半自助式的餐宴，一群小孩子打打闹闹好不热闹。最后，宴会快结束了，经理的女儿找不到佳佳，便来找江晨询问，大家四下寻找，发现佳佳正在餐桌旁边努力地将果冻装进自己的小背包里。经理的女儿走上前问："佳佳，你在干什么啊？""哦，姐姐啊，你赶紧也装点带回家吧。我妈妈说，反正大家也吃不完，不拿回家就浪费了。"佳佳边说边将另外一边的饼干装进小背包。经理夫妻听了佳佳的话，愣了愣，江晨更是哭笑不得。这时大家把目光转移到另一个餐桌旁边的江晨的妻子，只见她正在打包桌上剩下的牛肉。意识到大家都在看她，她抬起头尴尬地说："我拿回去给狗吃的。"看着江晨妻子已经打包好了两大袋食物，经理的妻子小声说："你们家开宠物店也不用拿那么多吧……"一旁的江晨尴尬得不知所措。

江晨的妻子打包可能真的是出于不想浪费的目的，可是在经理夫妻看来，江晨夫妻却是在贪小便宜，而且还是自顾自地装兜里，完全没有向作为主人的他们知会一声。自此，江晨一家人在经理心目中留下了不可磨灭的坏印象。

现实生活中，吃不完打包带走是很正常且值得提倡的事情，毕竟在外吃饭，价格不菲，浪费粮食也实在是不应该。可是打包的前提必须是由你做东、由你买单，或者提前向主人知会一声，切忌毫无礼貌地把别人买单的饭菜往自己兜里装。那样不仅会破坏你的形象，还容易让别人对你产生不信任感，从而误事。

应酬策略

　　如果是你设的宴请，吃不完打包走无可厚非。但如果是参加别人的宴会，自顾自地打包却大大欠妥。即使你是本着不浪费的心意，但是还是会给别人留下爱占小便宜的印象。

买单也要讲究礼节

一顿丰盛的酒席下肚，生理和心理上都得到了满足，但既然有得到就要有付出，天下没有免费的午餐。待到要买单之时，便是付出的时候了。结账是请客吃饭的最后一个环节，也是重要的环节。处理不好，很容易导致前功尽弃。

在中国，一般情况下，请客吃饭应遵循谁请谁买单的原则。可是，很多时候却存在着"请客不买单"的情形。这种现象尤其是在一些所谓的公务往来中屡见不鲜。

詹珏是某公司旗下一家子公司的负责人。这段时间以来，他总是愁眉不展，妻子十分担心。在妻子的百般询问下，詹珏才道出了个中缘由。原来近半年来，总公司常常指派专员下来"指路子、出点子"，而每一次来的专员都会请一些重要客户下馆子，联络感情，可是最后买单的都是詹珏。俗话说：花别人的钱不心疼。总公司下派的几个专员毫不顾忌子公司的现状，餐餐都很豪爽，半年海吃海喝下来，子公司的赤字突破了临界点，业务却毫无进展。尤其让詹珏郁闷的是，专员们下来指导工作是由总公司提供经费的，可詹珏从未见过专员买单。

詹珏遇到的情况在现实生活中普遍存在，很多人请客吃饭时爽快不已，就是到买单的时候左推右躲，总想着推给别人。其实，请客吃饭，从理论上来说，是你自愿的，所以由你买单也是天经地义的。

虽然说酒桌买单，要看谁是主动邀请者，因为酒宴的目的不仅是朋友之间的聚会，有时也含有功利目的，但男士买单有的时候却成了约定俗成的习惯，也是餐饮的基本规则。

结账时，如有女士在场，特别是一男一女的场合，依礼貌付账的应是男士。女士不必坚持付账，也不用因别人付了账而心怀歉疚。一般一对男女朋友，不但应由男士结账，连召唤侍者过来都应由男士来做。恋爱中的男女，男人买单是爱意的体现，女人希望男人买单，并不都是存心想占便宜，而是喜欢被宠爱的感觉，只是想证明自己在男人心中的地位。陌生男女或者是同事、朋友聚会吃饭，男人买单是风度的体现。当然这种情况也并不一定非要男人买单，女士有的时候，也可以慷慨解囊，巾帼不让须眉，显示出自己的体贴和一种追求男女平等的自信。

另外，中国人喜欢请客，并且自己大方地掏腰包，这无可厚非。但这并不代表不需要实行AA制。中国人的方式不是在每次吃饭时各买各的单，而是今天我买单、明天你买单这种轮流请客的AA制方式。总吃大户会导致彼此的关系中断，除非对方是个傻乎乎的大户，花钱买气派。所以基本上，轮流请客的AA制更容易被接受。如今越来越多的人接受了吃饭AA制，毕竟赚钱不容易，谁的钱也不是大风刮来的。如果没有什么利益关系的话，AA制吃饭还是应该大力提倡，各付各费，大家吃得都轻松自在。

应酬策略

　　如果你有意要做东，应先选好一个靠近外边的有利位置，也可付账前悄悄交给服务员或收银台，反正以诚相见，既然有心请客，就要学会避免结账时出现抢着买单的现象。

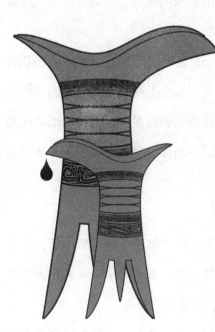

第六章 ——

无酒不成席，饮酒
见真章

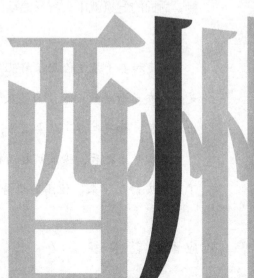

千杯百盏，尽看开头

中国是礼仪之邦，饮酒也有不少礼仪规范。了解并熟练掌握这些规则和习俗，不仅能使你在酒桌上顺风顺水、挥洒自如，更能显出你良好的修养和出色的交际能力。

好的开端是成功的一半，有一个良好的开端，事情的成功就有了基础。因此，第一杯酒十分重要。宴会上的第一杯酒好比一场表演的开场，能否吸引住观众，对后面的影响很大。第一杯酒往往能为整场宴会定下基调，开头顺畅，下面接着也就顺畅了；开头不顺畅，后面的气氛就不大容易调动。

徐茂和妻子省吃俭用了好几年，终于把房子给买下来了，这天是他们乔迁新居的日子，为了庆贺一家人苦尽甘来，从此不再挤在出租屋里，徐茂也办了几桌酒席，宴请亲朋好友。

酒席开始之后，徐茂端起酒杯，站了起来，大家知道他要祝酒了，都安静了下来。他满脸堆着幸福的微笑，真诚地说道："各位朋友，大家晚上好！首先，我要代表我的家人，对各位的光临表示衷心的谢意！谢谢，谢谢你们的到来！俗话说，人逢喜事精神爽。我现在就沉浸在这乔迁的喜悦中，无法自拔。以前，由于心居寒舍，身处陋室，实在不敢言酒，更不敢邀朋友把酒畅叙，因为寒舍实在寒酸简陋，怕被朋友们误认为待客不诚，也怕委屈了嘉宾。今天不同了，因为今天我有了一个称得上是家的家了。这个家虽然谈不上富丽堂皇，但它不失恬静、明亮，也充满舒适与温馨。有了这样一个甜蜜的、充满着爱的家，能不高兴吗？心情能不顺畅吗？所以，今天特意备下这席美酒，把我乔迁的喜气和大家分享，更要借这席美酒为同事、朋友对我的乔迁的祝贺表示最忠诚的谢意，还要借这席美酒，祝各位生活美满、工作顺利、前程似锦、事事如意！请各位举杯！”

大家都被徐茂的言辞感染了，纷纷举起了手中的酒杯，整个宴会也在和谐、美满中进行。

千言万语融于酒，倾觞恭贺，千杯百盏尽看开头。假如第一杯酒能够充满感情、礼仪得体，那么后面的敬酒当然会顺畅得多。

第一杯酒应该礼貌有加。在正式场合，一般由主人举杯，在家宴上一般由晚辈向长辈敬酒，亲友间的欢宴由年长者先行举杯，或由召集者先行举杯。

第一杯酒，一定要饱含祝福，为的是后面的"杯莫停"。第一杯是后面的基础，即使不想拼酒，也要努力为后面的欢愉场面打下基础。因此，第一杯酒，要区别不同情况，以礼待之。

如果是在庄重的外事场合，第一杯酒不但要礼貌有加，而且必须注意来客的身份及风俗习惯。祝酒既要体现应有的热情，又要不卑不亢，绝不能强人所难，自己喝多少就一定要对方陪饮多少，这样不但不能达到热情接待的目的，而且还会造成负面效应。要饮酒有度，热情适度，把握尺度，展现风度。如果是商务宴请，第一杯酒就关系到后面宴会进行的气氛。那么，这杯酒既要自己不醉，还要让客人尽兴。要有大家风范，不论会谈气氛怎样不愉快，都要尽地主之谊，为宴会后的谈判打下基础。因此，祝酒时既要热情有度，又不能与来宾拼酒，以免造成来宾的反感，影响之后的正式会谈。只有做到以礼敬酒、以情祝酒、以智行酒，方能达到自己的目的。如果是家宴、喜宴、庆典宴，第一杯酒虽然不必考虑宴会上的商战斗智，但同样必须体现宴会的主题、主人的盛情以及对来宾光临的企盼与欢迎。如果是友人小酌，则大可不必拘泥于形式，越是实在、贴切，越能使人感到亲切，也越能让别人开怀畅饮。

一般的宴会，主人敬酒后由主宾举杯，作为礼仪性的回敬，然后宴会便进入敬酒阶段。由于第一杯酒已经把宴会的主题、宴会的目的、宴会对主宾的良好祝福等表达了出来，这时再次互相举杯就要注重以情祝酒，杯盛热情，将热切感人的话语融入杯中献给来宾。

所以，第二杯酒应该盛满热情。如果是商战场合，更要融入深情。合作会以谈情为先，酒品如人品，情通事就通。如果能通过自己的深情触动双方的情感，那么，一些争论和分歧也会得到缓和和化解。如果是朋友小酌，或家宴便宴，也需要借酒抒情，通过热情洋溢的敬辞，用酒使大家融情，使大家抒怀。如在一次婚宴上，一位友人站起来向新人以情祝酒："在这美好的日子里，我接到了你们的喜帖，于是喜气洋洋地赶来祝福。新郎的潇洒、新娘的美貌是今天最美丽的画面。如今正值秋季丰收的季节，预祝你们的生活和事业像秋天一样硕果累累。"

美酒在心底交汇，啜饮生活的芳菲，溶进心田绽开友谊的花朵，加上美好的祝酒词，不仅能烘托气氛、温暖人心，而且还能使人深受鼓舞和启发。当所有宴会参加者纷纷举杯，开怀畅饮时，宴会也达到了高潮。

应酬策略

祝酒是招待宾客的礼仪，感染人的祝酒词最好能感受到宴会的主要精神，引起共鸣，所以，开头第一杯酒的祝酒词一定要符合宴会的氛围，或深沉，或轻快，或委婉，或幽默，以酒为媒介，加之真诚的语言，会为酒会平添美好的氛围。

适时敬酒，扭转乾坤

俗话说，"无酒不成宴"，生意人在交际应酬时，自然少不了酒席。何况现在许多合同订单都是在酒桌上签订的，正所谓"杯子底下好办事"，许多生意在酒桌上谈成的概率要远远高于在办公室。

在饭桌上求人办事是很普遍的事情，但是这并不是说只要你请对方吃饭，对方就一定会答应给你提供帮助，其中有很多技巧性的问题，需要你仔细斟酌。而且饭桌上风云变幻，对方的情绪随时都在变化，尽管你会试着尽量避免触犯对方的逆鳞，但是却无法确切探知到对方的心理。你能做的只能是在对方表现出不悦或是有反感迹象的前几秒，迅速做出应变反应，平息对方心中的波澜，缓和现场的气氛。

张勤是一家汽车公司的经理，而周华是他的妻子，也是他的贤内助。最近公司有一个项目需要投资，而周华也为张勤介绍了一位阔绰的老朋友李总，可是一个多月过去了，李总那边毫无表示。无奈之下，夫妻俩决定请李总吃饭，顺便探听虚实，也好就势争取。

席间，李总一再顾左右而言他，喝喝酒，叙叙旧，就是不谈投资项目的事。张勤性子急，问李总说："李总，行业内的情况您也了解，哪家公司有发展的潜力您是知道的。您做投资这么长时间，肯定明白早投资，早回报吧！"李总笑了一笑，说："这个嘛，我们一直在开会讨论，涉及未来发展的大事，还是得从长计议嘛！""可是，无论按资格还是按实力……再说，跟谁合作还不是李总您说了算吗？"张勤很不满意李总的话，出口反驳。李总一听张勤说这话，立马变了脸色，正要开口，张勤的妻子周华说："哎哟，真是的，你们男人怎么吃饭也离不开公事啊！今天咱们就是吃饭，不谈公事啊！赶紧吃菜，老张，傻愣着干吗，赶紧给李总满上。"张勤明白妻子的暗示，赶紧给李总倒满了酒，三人碰了杯。

接下来，张勤和李总就公司合作的一些事情交换了意见，中间不免有看法不一之处，可是周华每次都能在关键时刻以敬酒为名，避免两人起争执。最后，李总表示这顿饭吃得很愉快，并感谢张勤夫妻俩的款待。

不管张勤最后能否谈成项目，至少这次请李总吃饭的目的是达到了，在这种愉快的氛围下，李总势必会对他们夫妻俩留下不错的印象，从而对公司合作一事也会多上份心。

请客吃饭，求人办事时，切忌急功近利，一门心思只想着达己所愿而不顾及饭桌上的气氛。我们要想在饭桌上更好地成事，就要善于察言观色，眼见形势不妙，就应以敬酒的方式尽量缓解，不可操之过急，甚至在对方脸色不对、情绪不佳的当口儿，还只顾着自己的利益，那样是很难真正成事的。

应酬策略

　　请人喝酒吃饭，大多是醉翁之意不在酒，要想达到宴请目的，场面氛围值得注意。酒如果喝闷了，也就达不到解决问题的目的了。所以，求人办事，要学会察言观色，用好敬酒这块敲门砖。

灵活应变，劝君更尽一杯酒

中国人在酒席之上，很喜欢劝人多饮，这个习惯起源很早，从古至今延续了几千年。《诗经·小雅·楚茨》中有"以为酒食，以享以祀，以妥以侑，以介景福"的诗句。侑，就是劝的意思。诗句的意思就是唯恐享受者没有吃饱，故而劝饮劝食。

劝人多饮几杯的做法，一方面表达了敬酒人的真诚，希望对方喝好喝够；另一方面还可以活跃酒宴的气氛，为饮酒者助兴。

假如你希望使酒宴按照宴会的目的，高潮迭起，频频举杯，"劝君更尽一杯酒"，你需要具备一定的酒桌敬酒的"硬功夫"。

劝酒大致分为文劝和武劝两种。所谓文劝，即用话语一步一步把对方逼到喝酒的地步。于是衍生出了众多的酒桌规矩和酒桌顺口溜，常常身在酒席上的人对于这些应该是不会陌生了。又如以同学情朋友谊相互下套的。真是不胜枚举。

这天，是老陈和一帮战友的聚会。几杯酒下肚，大家都开始拒酒了，老陈作为这次聚会的发起者，当然有义务把气氛搞起来，为了让大家多喝几杯，老陈开口说话了：

"各位老战友们，分别多年了，没有想到大家还能相聚在一起，在这个欢聚的时刻，我的心情非常激动，面对一张张熟悉的面孔，心潮澎湃，感慨万千。回望军旅，曾经朝夕相处的日子怎么能忘，在苦乐与共的峥嵘岁月里，凝结了你我情深义重的战友之情。飞鸿雪泥，人生仓促，二十个悠悠岁月，仿佛在弹指一挥间倏忽而逝。真挚的友情，紧紧相连，在许多年后的今天我们战友重聚，依然能表现难得的天真爽快，依然可以率真地应答对方，仿佛我们从不曾分离，这种情景让我激动不已。如今，由于我们各自忙于家庭工作，劳于家事，相互间的联系少了，但绿色军营结成的友情，却随着时间沉淀为酒，醇厚芳香，每每启封，回味无穷。今天，我们忙里偷闲，从天南海北聚在这里，畅叙友情，人生难得有几回，这样的快乐应将铭记一生。让我们举杯，为我们的相聚快乐，为我们的家庭幸福，为我们的友谊长存，干杯！"

老陈的一番话，勾起了在场每个人的回忆，将所有人的情绪都感染了，众人都立即举杯畅饮，就连一直说自己早已经戒酒的战友也忍不住端起了酒杯。

除了引起别人的共鸣之外，在酒宴上为了敬酒而采取即物生情的办法，也往往出奇制胜，屡屡成功。人们不仅可以从吃鱼上说起，比如吃鱼可以说年年有余，预示好日子不会中断，还可以从鸡、鸭以及各种菜肴来引申祝酒，也能收到奇效，如贡菜、发菜，为"恭喜发财"等。当然，采用这种方法祝酒需要掌握好一定的时机和技巧。

在一次接待客商的宴会上，为了劝客人多喝几杯，东道主在请客人品尝北京烤鸭时，举杯说道："各位来宾，吃烤鸭不但味道鲜美，而且包含着祝福和吉祥。人们说，吃鸭头，抢占先机，神采飞扬；吃鸭脖，曲颈高歌，引吭向上；吃鸭胸，胸有成竹，金玉满堂；吃鸭腿，健康有力，身强体壮；吃鸭掌，红掌清波，事事顺畅；吃翅膀，展翅高飞，前程无量；吃鸭尾，义无反顾，福寿绵长。让我们为吃烤鸭带来的良好祝福，为各位幸福吉祥，激流勇进，劈波斩浪，干杯！"一番精彩的祝词，让人神清气爽，心潮澎湃，来宾纷纷要求为吃烤鸭的吉祥祝福一起干一杯。

当然，在宴会中以即物生情的办法敬酒只是一种方法，为了使客人在宴会中频频举杯，你必须灵活应变，才能达成你宴请的目的。酒宴越是临近结束，劝酒就越发困难。所以要想频频举杯与客人畅饮，就得靠标新立异、新颖别致的话题才能出奇制胜，收到凝聚万般情的效果。这个时候，酒桌上的撒手锏就要数武劝了。

武劝的杀伤力出奇地大，往往很少有人能逃脱，大多数时候都在最后使用，如果是女士施展更有摧枯拉朽之势。武劝的对象一般都是酒桌上的关键人物，是必须攻克的。武劝的方法有很多，但最为普遍平和的方法就是走到对方的面前，毫不拖泥带水地说完该说的话，然后自己一杯酒先行下肚，然后展示空杯于人前。这个时候，全桌的焦点肯定就是被劝的人了，其压力可想而知。

其实无论文劝武劝，目的都是让对方多喝点酒，酒喝好了，交流就可以变得很直接了，平时不可以听、不可以说的事，这个时候也方便听、方便说了。话不投机，全当酒话，一笑而过；气氛尴尬的时候，还可以再喝一杯，保证不愉快的事全忘了。所以，现在的酒席，能否"劝君更尽一杯酒"，就显得尤为重要了。

应酬策略

酒是生意人成功的重要工具之一。酒能够给人壮胆，麻痹人的羞怯心理，使人们放下沉重的心理锁链。况且，酒桌上会大大缩短人与人之间的距离。但是，为了提高酒桌上的社交质量，生意人不应只顾胡吃海喝，而应该通晓酒桌上的学问。

适量饮酒，不逞一时英雄

在生意应酬之中，喝酒同其他场合一样，也有一定的讲究。比如对方要你干杯，生意人在礼貌上应当将酒喝完，以表示对对方的祝福，此时如果谢绝就是不礼貌的。

假如你实在不会喝酒，也要象征性地喝一口，以示礼貌。在干杯的时候，酒杯不要举得太高，以不超过自己的视线范围为佳。如果对方站起来向你敬酒，你也一定要站起来，表示一种平等和尊重。

但是喝多少酒一定要量力而行，生意人一定要注意喝酒不可过量，一般来说不宜超过自己酒量的1/3，否则不利于酒桌上谈生意。有人曾这样说过："喝第一杯是人饮酒，喝第二杯是酒饮酒，喝第三杯就是酒饮人了。"的确如此，适量喝酒对身体并无大碍，而且还可以融洽与人交往应酬的气氛。但是假如毫无节制地喝酒，而且逢喝必醉，不但严重影响身体健康，还可能使自己在公众场合失态，影响自己的形象。而且喝太多酒甚至忘了最初赴宴的目的，就得不偿失了。

马玉强大学毕业后在省城一家公司上班，并且深受上司赏识。有一回，他陪老总回县城参加一个酒席，本来气氛比较平淡，大家也光顾着吃菜。这个时候，老总把马玉强介绍给县里的东道主，说马玉强是公司里的副总，这显然把马玉强的身份夸大了，马玉强又不能当众说自己只是一个小职员，那肯定伤害了老总的好心，也只好临时戴上了"副总"这个乌纱帽。

戴帽子不要紧，麻烦的是给马玉强敬酒的人一下子就多了起来。这下可苦了他，东道主们玩的是车轮战术，马玉强说"意思意思"就好，可他们不依不饶，"那怎么行！你要是不喝，就是看不起我们，在外面混好了，也嫌家里的酒不好喝了"，云云。

马玉强哪敢瞧不起人啊，只好一口将杯里的酒喝了个底朝天。这下可好，因为突然升了官，桌面上又有四五个人要给他敬酒，五六杯酒下肚，马玉强满脸通红，头晕目眩，美酒都变成了毒酒的味道。凭喝酒经验，马玉强知道，酒在口中口感还好，说明酒不过量，喝酒是美好的享受，一旦美酒在口中有了苦涩感，就是喝酒超量了，若继续喝就是一件痛苦的事了。

"再不能喝了，不然我就趴地上了。"马玉强赶紧求饶。谁知，东道主们哈哈一笑说："倒下去也没关系，去酒店给你安排住处就是了。"真是盛情难却啊，马玉强似乎没有了理由拒绝。马玉强神志模糊地听大伙情真意切地讲祝酒词，迷糊地用双眼看着他们得意和欢快的表情，非常被动地继续应对给他敬酒的人。

那天的敬酒直到马玉强因喝酒过量，上厕所时摔了一跤，额头磕出血后才告终，这一跤虽然摔得不轻，但也算给马玉强解了围。后来的酒席中，马玉强一见有人要给自己敬酒，马上就会警觉三分，他可不想栽第二次了。

从上述案例可以看出，敬酒与罚酒只有一步之遥，所以，参加宴会，在喝酒前要先明确自己的目的，适当评估一下自己的酒量，尽量少喝并将自己的每一杯都与成事的目的联系起来，不可喝毫无意义的酒，更不可逞一时英雄，导致事后后悔不已。

　　在酒桌之上往往会遇到劝酒的现象，大多数人都喜欢把酒场当战场，想方设法让别人多喝几杯，认为不喝到量就是不实在。其实"以酒论英雄"对于酒量大的人还可以，对于酒量小的人可就算"温柔"的惩罚了，有时候过分地劝酒，会适得其反。

　　作为东道主，劝酒也并不只是"劝君更尽一杯酒"，还要适时"劝君少饮一杯酒"。毕竟大家前来赴宴不是为了喝酒，至少不是为了喝酒而喝酒，所以一定要明确自己赴宴的目的，破除"但使主人能醉客，不知何处是他乡"的观念，以及"不喝醉就不够意思"的思想。在这方面最恰当的劝酒词应是"酒逢知己千杯少，能喝多少喝多少；会喝不喝也不好，喝到适度为最好"。不顾及酒量的大小，也不理会喝多就会有损健康的酒桌文化，实在是一种必须改变的陋习，参加宴会之时千万不要把敬酒喝成罚酒，这样才能更好地享受美酒的醇香。

应酬策略

　　中国人敬酒，往往希望客人多喝一点，面对敬酒如果你不喝，主人会觉得有失面子，这个时候实在两难。如果酒量实在不行，找人代饮是既不失风度又不使宾主扫兴的避酒方式，但是找人代饮一定要选对人。

以静制动，化解车轮敬酒

人们在参加宴会的时候常常会遇到这样的情况，主人频频敬酒，一个个轮番上阵，你举杯后他登场，每个祝酒者都满怀激情，理由充分，大有让你不醉不休的架势。这种情况怎样才能保持不醉，全身而退呢？最好的办法就是请君入瓮，以其人之道，还治其人之身，让他们知难而退，主动放弃对你的"围攻"。

一日，某公司举办商务酒宴。席间，该公司经理频频举杯，巧立名目，敬了六次酒。在敬第六杯酒时，经理怕来宾拒酒，强调："六是吉祥，六是顺意，六标志着不论经历六六三十六番风雨，都会有七十二般彩霞壮丽，六蕴含着无数的变化与商机。六杯酒是对我们合作顺畅的洗礼，六是我们双方激情的凝聚，任何数字都不及六的祝福最能表达我们的心意……为我们合作顺心如意，财源如春雨，干杯！"看来宾们喝下第六杯酒后，一会儿，他又第七次举杯："各位来宾，各位朋友，我喝一杯你一杯，感情浓了酒似水。

这第七杯酒表心扉。情意重了千杯不醉，酒入口中心心交会，合作经营前景宏伟……为了我们的合作永远有七色彩虹相伴相随，为财源滚滚像流水，干杯！"

此时的来宾大多已是不胜酒力，再喝下去势必影响下午的谈判。而且第七杯喝下去，必然还会有热情洋溢的第八杯，如果这杯不挡住，后面的更难以抵挡。可面对主人如此"热情"，不喝又似乎说不过去。这时，一位来宾缓缓站了起来，端起酒杯，从容地说道："各位，一杯的酒香凝结在喉，两杯的祝福记在心头，三杯的盛情共同拥有，四杯的浓情风雨同舟，五杯的热烈如风摆柳，六杯的祝愿天高地厚。我虽然已经喝得无力承受，但我还记得刚刚喝下的那杯酒，你们说，任何数字都不及第六杯酒最能表达心意，那我们就要把最深厚的情意凝聚在心头，既然你们的祝福说'六是顺意，六标志着纵然有三十六番风雨，也一定能有七十二般彩霞壮丽'，那么，我们就把最好的、最美的、最顺畅的那第六杯酒代表的最具盛情的祝福永远拥有。正像你们开始祝酒时所说，祝酒在情不在酒，那我们就正好以水代酒，让祝福顺畅永远绕心头。干杯！"

听罢这番祝酒词，来宾纷纷响应，那位经理虽然还想再拼酒，但觉得第六杯酒祝酒时已经把话说满，不好再自我否定，在对那位来宾钦佩之余，也共同举杯。敬酒也就到此为止了。

这位来宾就是采用了"请君入瓮"的方法，应对对方经理车轮式的敬酒，他明白对方经理是想利用拼酒，使他们在下午的谈判中因为醉酒而处于下风，所以巧妙地利用对方第六杯说得过满的话，让其钻入自己所设的话语圈套中，从而避免了醉酒误事。

应酬策略

　　"请君入瓮"其实就是反守为攻，先不动声色，静听对方发言，等待时机，从对方的言辞中找到突破口，以此为切入点，使对方无法争辩，从而达到拒酒的目的。

以礼还礼，解决拒酒难题

在宴会进行的过程中，宾主双方出于礼貌会以礼祝酒。这种祝酒方式的特点是彬彬有礼。以礼貌的方式祝酒，往往让人无法回绝。特别是主人的盛情配以有准备的热情洋溢的语言，的确令人无法拒绝。

一日，某公司举办宴席答谢客户，公司领导举杯祝酒。只见他端起一只小酒杯，又在桌子上放了一只大酒杯，说道："尊敬的各位来宾，我们十分感谢各位与我公司的精诚合作。为了表达我们对最尊贵的客人的敬重，我要代表全公司向各位敬十杯酒。这第一杯酒，是一见如故，一切如意，一路顺风；第二杯酒，是两方合作，双方携手，二月春风；这第三杯酒，是三阳开泰，三星在户，三江深情；这第四杯酒，是四通八达，四面进财，四海升平；这第五杯酒，是五子登科，五福临门，五谷丰登；这第六杯酒，是六六大顺，六韬三略，六合丰功；这第七杯酒，是七凤朝阳，七杯见底，七色彩虹；这第八杯酒，是八音迭奏，八方风雨，八面来风；这第九杯酒，是九九归一，九天揽月，九州祥瑞；这第十杯酒，是十全十美，十分倾心，十分欢迎。"当然，他在说每一杯的同时，都十分认真地用小杯向大杯里倒上一杯酒。

　　面对如此敬酒，众来宾大惊失色。简单回绝已无法抵挡，而敬酒者在大家的一片叫好声中将一大杯酒一饮而尽，然后把杯底向客人展示了一下，等着看客人怎么喝这一大杯酒。

　　这时，只见一位客人举杯答道："我们一行十分感谢各位领导的招待，特别是刚才这位领导一到十的十杯酒，既让我们感受到了贵公司的盛情，也让我们领略了此等优秀的企业文化。我喝不了十杯酒，但我有十杯酒所容不下的激情；我说不出一到十所表达的深意，但我能用一杯酒表达我们对东道主海一样深厚的谢意。我不喝十杯酒而只喝一杯酒，是为了使酒的数量之差给东道主留下更深刻的印象。只有这样才能让我们感受到领导您所代表的公司全体员工坚强如山，却不会挡住我们眺望的视线；他们宽广如海，却不会像海一样变幻使人不安；他们热情如火，却不会像火一样造成破坏；他们像水一样温柔，却不会像水那样移形善变。为此，我请大家共同举杯，赞美贵公司像山、像海、像火、像水，让山的庄严、海的激情、火的热烈、水的柔情永远和你们相伴，让你们拥有山一样的康健、海一样的财富、火一样的生活、水一样的风采。干杯！"

　　礼貌的敬酒得到了礼貌的回答，这种得体、富有诗意的语言赢得了宾主双方的由衷赞赏，都觉得主人敬酒是事先准备好的一套祝酒词，而客人的即兴答词更加精彩。在一片掌声中，大家纷纷举杯，都同意客人只喝一杯。这样一来，一个精心筹划的以礼敬酒的场面就被巧妙地化解了。

应酬策略

参加宴会的时候，不太会喝酒的人面对别人礼貌而热情的敬酒往往十分尴尬，不喝显得失礼，喝下去又伤身，真是左右为难。以礼还礼是应对这种场合的最佳方法，你以礼敬酒，我礼貌地少喝或不喝酒。你用这么多的数字来限制我，让我喝那么多杯酒，我就巧妙地回避这个数字问题来回敬你，不然，就容易陷入对方设计的圈套中。

以情抵情，避免醉酒伤身

喝了酒的人往往能变得情真意切。酒是最能催人抒情的东西，有时候，在酒桌上，当东道主端起酒杯时，尽管他才和你认识几分钟，但也会让你感受到一种似乎已认识多年的深情厚谊："看着你就投缘，如果你不喝下这杯酒，就不把我当朋友。"一杯酒承担着这样深厚的感情，你怎能推辞呢？可是，要是喝下去，你可能就会变成烂醉的泥鳅，这个时候，似乎并没有两全的方法，真的要喝吗？

一般情况下，以情敬酒，都是令人无法拒绝的。一是不喝不领情；二是不喝会被误会不给别人面子，有种不可推拒的强制性。以情劝酒一般发生在礼仪敬酒之后的中场，也可以在宴会的任何阶段，在酒宴的高潮中，"杯杯酒，表深情"，让你想推也推不掉。这种敬酒要想不伤感情、不失礼仪、不影响气氛地推掉是十分困难的，大多只能采取以情拒酒的办法。

在一个商务宴会上，东道主代表饱含深情，频频举杯，让人难以推却。这时，来宾中一位先生举杯回敬道："各位朋友，你们端起的不是酒杯，酒杯怎么能包容所有的深情？你们多次举杯也不足以表达你们的心意。我真的想饮尽千杯酒，融进万般情。既然千杯酒才能表达我们的万般情，那么，一杯酒与一千杯酒之间，如果用感情的度来衡量，只能越少越能让人记住这份感情。如果我喝醉了，那么可能连刚刚结识的朋友的姓名都记不住了，那怎么能算是记下了这份深厚的情谊？为此，我用一杯酒回敬大家，因为我知道对真朋友敬酒是只喝微醉，与对手喝酒才拼量斗狠。你们之所以向我们频频敬酒，是怕我们喝不到微醉那个境界。我端的杯子里，是咱们当地产的矿泉水，它同样有酒一般只可意会，不可言传的境界。请大家共同举杯，让我们拥有水一样的柔情连绵不断，干杯！"

以酒挟情的劝酒术威力巨大，一般情况下令人无法抗拒；如果拒绝往往是你"不领情"或者"不给面子"。总之，直接拒绝这样的劝酒显得特别伤感情。但实际上，在商务宴会上，这种以浓情作为幌子的劝酒带有很大的欺骗性，但是又不好直接拒绝。如果说以身体为由推辞敬酒是晓之以理，那么还有一种动之以情的方法可用来拒酒。中国人是讲究情谊的，既然能在同一场宴会中共饮，自然是有一定交情的，所以在拒酒时采用动之以情的办法，定能够获取别人的理解，从而避免醉酒伤身或误事。

总之，在参加宴会时，如果东道主敬酒时已经满含深情，那么回答敬酒词时应该尊重对方，给足面子，同样以真情还之，即所谓以情抵情。

应酬策略

　　酒桌之上，千万不能被别人的"浓情厚谊"忽悠了，在商务交往中，以浓情为幌子向你敬酒，很可能是想以此麻痹你，虽然这些感情大多数都是逢场作戏，但也不可硬性推拒，否则会影响彼此的合作，以情抵情是最好的方法。

第七章————

觥筹交错，祝酒词
上显风流

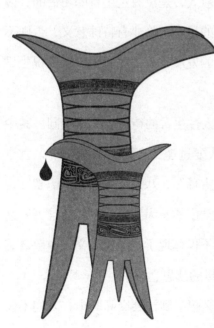

生日宴：一岁更比一岁新

在我国传统的宴饮文化中，生日宴一般只用于庆祝新生命的诞生和老寿星的年龄增长。至于一般人，是没有过生日的习俗的，因为自己降生的日子就是母亲受难的日子，除非有特殊意义，否则不会大操大办。后来随着社会文化的发展，人们才有了年年庆祝生日的习惯。

即使是在现代，不同年龄的人过生日的待遇也不尽相同。其中最为隆重的是六十岁以上的老人要过逢"十"岁数的生日，六十岁称为"花甲"，七十岁称为"古稀"，八九十岁称为"耄耋"，一百岁称为"期颐"……寿宴通常由子女为父母操办，而且百岁之后还要大办特办，一年一办。这不仅体现了中国传统文化中敬老尊贤的内容，还饱含中华儿女对父母的感恩之情。

如今，庆祝生日的文化内涵又辐射到社会交际圈中，人们不仅为自己的家人过生日，也为朋友过生日、为同事过生日、为自己的恩师过生日等。不论哪种生日宴，都有一个共同的特点，那就是场面一定要够喜庆、够热闹，言辞中一定要流露出对主角的美好祝福。

生日宴的流程一般是约定俗成的，在正式开宴之前，有一个主持人致辞的环节，这就是事先准备的祝酒词派上用场的时候。如果生日宴是为小孩子办的，那么祝酒词就要表达出对孩子的美好祝福和期盼；如果生日宴是为老年人办的，那么祝酒词则要表达出对长者的衷心敬仰和感恩，另外也可以赞颂长者取得的成就。

范文：父母生日宴祝酒词

致辞人：寿星子女

尊敬的长辈、亲朋好友们：

大家好！

在这喜庆的日子里，我们高兴地迎来了敬爱的父亲（母亲）××岁的生日。今天，我们齐聚一堂，为我的父亲（母亲）举行生日庆典。这里，我代表×家上下共××人，向所有前来参加我们父亲（母亲）生日庆典的各位来宾表示衷心的感谢！

这几十年来，父亲（母亲）含辛茹苦、勤俭持家，从我们呱呱坠地到成家立业，多年的辛苦劳作，在他（她）的脸庞上留下了岁月的年轮，黑发上泛起了春秋的霜花。因此，在这个喜庆的日子里，我们首先要对他（她）说的是：爸（妈），您辛苦了！感谢您老的养育之恩！

在各位兄弟姐妹的共同努力下，我相信，我们的父母一定会健康长寿，笑口常开！我们的大家庭一定会蒸蒸日上，和睦繁荣！最后，再次感谢各位长辈和亲朋好友的光临！祝老寿星福如东海，寿比南山！干杯！

一般在主持人致辞完毕后，主客一同饮下第一杯酒，接下来就可以享用盛宴了。在用餐过程中，还有个人的自由敬酒环节，是宾客与寿星之间交流感情的最佳时机。由于生日宴大多是家庭性质的宴会，没有什么外人，因此气氛自然比其他宴会更加亲切友好，主客双方都感觉轻松自然，可以随意敬酒交流。当然，在敬酒的时候，也要说上一两句祝福的话语。

一、祝福父母的祝酒词

（1）对于我们来说，最大的幸福莫过于有理解自己的父母，我得到了这种幸福，并从未失去过，所以在您的生日之时，我要对您说声：谢谢！

（2）安逸静谧的晚年，是一种休息、一种愉悦、一种至高的享受！祝您福如东海长流水，寿比南山不老松！

（3）您用优美的年轮，编成一册散发油墨清香的日历；年年，我都会在日历的这一天，用深情的感谢，祝福您的生日。

（4）您以爱心为我们建一个温馨的世界，祝福您，我亲爱的母亲（父亲），生日快乐！福如东海，寿比南山。

（5）您是大树，为我们遮蔽风风雨雨；您是太阳，为我们的生活带来光明。亲爱的母亲（父亲），祝您健康、长寿。生日快乐！

二、祝福子女的祝酒词

（1）亲爱的宝贝，祝福你每一天都如花一样美丽！生日快乐！

（2）青春、阳光、欢笑，为这属于你的日子，舞出欢乐的节拍。祝你生日快乐！

（3）让阳光普照你所有的日子，让花朵开满你人生的旅途。岁月的年轮像那正在旋转着的黑色唱片，在每一个人的内心深处，播放着那美丽的旧日情曲。愿你十八岁后的人生依然充满着欢愉和成功！

三、祝福朋友的祝酒词

（1）自从与你相识，你的深厚情谊我牢牢铭记。在这特殊的日子，我把祝福撒在春风里，祝你笑脸美如花，青春有人夸，生日真快乐，事业跨骏马。

（2）祝福你，吉星日日照着你，财神天天撑着你，健康时时陪着你，幸福分分伴着你，快乐秒秒缠着你。

（3）淡淡的烛光，醇醇的美酒，柔柔的音乐，甜甜的蛋糕，浓浓的情意，真真的问候，全都送给你，因为今天是你的生日：祝你生日快乐。

应酬策略

　　祝福的话语就像和煦的春风，能够温暖人心，还能加深感情。在生日宴会上，表达祝福的话语有约定俗成的惯例，也有临场即兴的感慨。但无论如何，只要我们做到一个准则，祝福就不会偏差或失态，那就是用心真诚地表达你的美好祝愿！

节庆宴：四季常乐开怀饮

中国作为礼仪之邦，自古以来人们便对传统节日有着十分浓厚的仪式感，每年几个重大的节日都有饮酒庆祝的习俗，如端午节饮菖蒲酒，重阳节饮菊花酒，除夕夜饮年酒……有些习俗，至今仍然在民间流传。

在古代，节日酒通常只是一家人聚在一起庆祝节日。但到了今天，随着社会的发展，节日酒已经不局限于家庭内了。而且庆祝的节日也不限于传统节日，五一劳动节、七一建党节、八一建军节、十一国庆节等都是值得庆祝的日子。因此，在这个与时俱进的时代，你不但要了解传统的节庆宴会祝酒词如何讲，更要了解公务宴会中的祝酒词如何说。

家宴型的节日祝酒词要以真情流露和衷心祝福为主，可以多聊聊亲情、唠唠家常。而公务型的节日祝酒词则要有一定的规制，以郑重、严谨的公文形式，展示各部门的发展情况、未来计划等。无论如何，祝酒词一定要言简意赅，最好控制在300字以内。

范文：某公司元旦年会祝酒词

致辞人：公司领导

尊敬的嘉宾以及××公司的全体同人：

大家好！

首先，我要代表××公司感谢各位嘉宾朋友对我公司一贯的支持与帮助！我还要感谢各位同事，有你们的付出才有公司今天的成就！在此新春来临之际，祝你们新春快乐！万事如意！

在过去的一年中，各位员工一如既往地表现出爱岗敬业的积极态度，特别是深耕在异地他乡的基层员工，我们的产品就是靠他们才成功走进了千家万户。在这里，让我们一起对他们说声：你们辛苦了！

在各位的支持下，××公司在过去的××年里取得了可喜可贺的佳绩：国际业务从无到有，新厂房落成……无一不见证了我们的努力。让我们携手并肩，打造出一个蒸蒸日上的国际型企业！

最后请大家举杯，为××公司的美好明天，为在座的各位，干杯！

在节庆宴上，我们通常要准备一些表达祝福的话语，这样在敬酒的时候就不会出现无话可说的尴尬情况。另外，在选取祝酒词时，一定要注意与节日气氛相符、与节日主题相应，这样才能体现自己的气度与涵养。

一、适用于新年（元旦或春节）的祝酒词

（1）恭祝一帆风顺，二龙戏珠，三阳开泰，四季发财，五福临门，六六大顺，七星捧月，八面春风，九运当头，十全十美！

（2）新年好！新年新面貌！新年新心情！新年新开始！新年新运气！新年到，万事皆如意，前途千万里！

（3）"春风得意马蹄疾"，新年伊始，愿大家乘着和煦的春风，朝着灿烂的前景，马不停蹄，奔腾前进！

二、适用于中秋节的祝酒词

（1）天上人间，花好月圆。祝中秋佳节，全家团圆美满，万事如意！

（2）月到中秋分外明，节日喜气伴您行。人逢喜事精神爽，家人团圆事业旺。节日愉快身体硬，心想事成您准赢。

（3）又是一年落叶黄，一层秋雨一层凉。整日工作挺辛苦，天凉别忘加衣裳。保重身体多餐饭，珍惜友情常想想。信短情长言未尽，唯愿朋友多安康。中秋快乐，合家团圆！

三、适用于三八妇女节的祝酒词

女士们，你们的优雅与力量并存，如同优美的旋律与和谐的舞蹈。在这特殊的日子里，为你们献上最真挚的祝福：愿你们的生活如诗如画，幸福安康，笑容永驻！

四、适用于五一劳动节的祝酒词

劳动带给我们一切，有劳动，才有回报，才有收获！祝劳动节快乐！

五、适用于八一建军节的祝酒词

军爱民，民拥军，军民鱼水情谊深；人民卫士一心为民！祝八一建军节快乐！

六、适用于十一国庆节的祝酒词

神州奋起，国家繁荣；山河壮丽，岁月峥嵘；江山不老，祖国常春！值此国庆佳节，祝愿我们伟大的祖国永远繁荣昌盛，也愿好运、健康伴你我一生！

应酬策略

如果是家宴型节庆宴，礼仪相对宽松，不用顾忌太多。如果是公务型节庆宴，就要谨慎一些了，衣着打扮最好与单位的企业文化相匹配。如果是从政人员，还应着正装。另外，在有政府领导参加的酒宴上，尽量不要来回走动、跑到别桌敬酒，这样会有失风度。

婚宴：祝人喜乐情意浓

结婚是人生的一大乐事，关系着我们一生的幸福。对于大多数人来说，婚礼就是一生中最隆重的庆典，这时亲朋好友、同事领导、同窗战友等全员列席参加，为新人送上温馨的祝福，刚刚步入婚姻殿堂的小夫妻经历过的最风光的场面莫过于此。

在这样隆重的场合，主持人的祝酒词自然十分重要，它有着三方面的作用：一是推动婚礼进行；二是调动现场气氛；三是表达了对新人的祝福。

需要特别注意的是，主持人致辞的时候一定要结合自己的身份，采取恰当的措辞。一般来说，首先致辞的应是新人的长辈，这是婚礼仪式上一项必不可少的程序。作为长辈，不能简单说几句祝福语就算了，还要以过来人的身份，向新人致以教导与劝勉，然后再献上祝福与希望，最后还要向与会的嘉宾表示欢迎和感谢。

范文：婚宴祝酒词

致辞人：新郎父亲

尊敬的女士们、先生们：

大家好！

天长地久祝新人，并蒂开放向阳花。今天是犬子××和××小姐结婚的大喜日子，此刻我内心十分激动。谨代表双方的家长向新人致以衷心的祝福，并向多年来关心、支持和帮助我们全家的各位亲友表示诚挚的谢意！

罗曼·罗兰说："婚姻的唯一伟大之处，在于唯一的爱情，两颗心的相互忠诚。"叔本华说："结婚就意味着平分个人权益，承担双方义务。"作为新郎的父亲，我由衷地祝愿这一对新人在人生的漫漫长路上，牢记哲人的忠告，彼此扶持，白头偕老，相濡以沫，相敬如宾。

婚姻是人生大事，也是一段新的人生的开始。在此，我想告诉新人三句话：第一句是希望你们能够互相理解，互相包容，不管顺境逆境都能同舟共济；第二句是要尊敬和孝敬父母，无论工作多忙，记得常回家看看；第三句是一定要积极进取，拼搏向上，有机会一定要回报父母、回报单位、回报社会。

在这里，我代表×家上下，郑重地感谢亲家对犬子的赏识和信任，感谢你们把含辛茹苦抚养成人的宝贝女儿托付给犬子。所谓"知子莫若父"，我相信犬子一定能够给你们的女儿幸福，这一点请亲家放心。

最后，让我们共同举杯，祝愿新人生活美满、早生贵子，祝各位来宾身体健康、万事如意，干杯！

在婚宴上敬酒的时候，选择的祝酒词也要与自己的身份挂钩。男方长辈的措辞往往更庄重一些，女方长辈的祝福大多包含对女儿的告诫与期望，而作为平辈亲友，除了祝福生活美满外，也比其他人更关心新人在事业上的成就。

一、新郎父母的祝酒词

（1）希望你们从今以后，互敬、互爱、互帮、互助，以事业为重，以家庭为重，用自己的聪明才智和勤劳双手，创造美好的未来，用一生的时间忠贞不渝地爱护对方，在人生的旅途上心心相印，白头偕老。

（2）用爱温暖彼此的心，生活上少一些抱怨，多一些微笑，少一些苦恼，多一些乐趣！这也是我们做父母的对你们最大的希望。

（3）正是因为有着热爱生活、渴求知识的共同理想和信念，你们才能够手握着手，甜甜蜜蜜地走到今天。共同的兴趣爱好以及理想信念，已经将你们的生活和命运紧紧联系在了一起。这真是天赐良缘、佳偶天成。

二、新娘父母的祝酒词

（1）从今天开始，我们正式地把我们最心爱的女儿交到了你的手中，希望你将来能够细心地照顾她，悉心地呵护她，希望你们今后恩恩爱爱、相濡以沫，共同度过人生的风雨，共同努力去营造一个幸福的家庭。

（2）婚姻生活不是完全沐浴在蜜汁里，你要竖起你的脊梁，做一个温柔贤惠的妻子，同时还要担负起家庭事务的重担。

（3）家庭永远是最好的避风港，和你的家人一起，去创造幸福美满的生活，去迎接光辉灿烂的明天吧。

三、平辈亲友的祝酒词

（1）愿你们做一对事业上的伴侣，相互学习，相互支持，相互勉励，如荷花开并蒂，如海燕试比高，在各自的岗位上都做出优异的成绩。

（2）甜蜜的爱情缔造美满的婚姻，美满的婚姻促成幸福的家庭，幸福的家庭促进成功的事业。

（3）一个家庭好比一叶小舟，在社会的海洋里，总会有浅滩暗礁、激流冲击，只要你们携手并肩共同奋斗，前进路上就会有理想的绿洲。

在婚礼这种喜庆隆重的场合，常常会有许多娱乐性的民俗活动，比如"抹黑""闹洞房"等。这些活动主要是为了营造欢乐气氛，提高大家的热情，在玩耍时一定要注意分寸，该留手的时候留把手，千万不要让新人及其长辈下不来台。

聚会宴：酒逢知己千杯少

　　在日常的工作和生活当中，朋友之间的聚会宴最为常见。聚会宴不要求来的是什么人，在什么时间举行，只要有一致认可的理由，由具备某种联系的人约定好时间，从四面八方赶来参加的宴席都可以称为聚会宴。

　　人类是一种重感情、讲友谊、好怀念的动物，同时也是依靠社会群体而生存的动物。正因如此，人们才会放下手头的工作，从百忙之中抽出时间来参加聚会。聚会的形式多种多样，或正式，或随意，大酒店、小餐馆，甚至是咖啡厅，都可能成为聚会的地点。时间也比较灵活，一般都是选在大家都不上班的节假日。尽管有些简单聚会宴上没有山珍海味、鸡鸭鱼肉，但一定少不了白酒、啤酒、甜酒、饮料。一杯入口，君子言语，出口不凡；两杯入口，豪言壮语，石破天惊；三杯入口，疯言醉语，一片嘈杂……

　　朋友之间的聚会也可以细分为很多的种类，比如同学聚会、战友聚会、同事聚会、同乡聚会等，但无论如何，玩得热闹、喝得开心是聚会的主要目的。另外，人们也可以通过聚会交流工作和生活经验，进一步加深感情。而宴席上的美酒，就是增进感情的法宝，所谓"酒逢知己饮，诗向会人吟"，志同道合的朋友相聚，怎能不痛快豪饮一番？

有酒就要有祝酒词，这样才能让聚会充满仪式感。特别是对至交好友来说，心中一定有万般言语，不如将真情凝聚在祝酒词中，让好词和着美酒，一起传达那说不完的千言万语。

范文：同学聚会祝酒词

致辞人：老班长

各位老同学：

大家好！

时光飞驰，岁月如梭，转眼间已经毕业20年了。我们之所以能在此地重新聚首，首先要感谢这次聚会的发起人××同学！

遥想过去，我们同窗三载，情同手足，往昔的一幕幕仿佛昨天一样清晰。今天，我们一同打开珍藏了20年的回忆，尽情地诉说吧、畅聊吧，说说当年天真烂漫的友情，聊聊离别20年的不舍，也不妨坦白那份只属于青春的、青涩的、朦胧的爱情。如果时间能够倒流，真希望我们能一起回到中学时代，愿与会的每一个人都能年轻20岁！

现在，让我们共同举杯。为了中学时代的友谊，为了这20年来的思念，为了今天这难得的相聚，干杯！

　　聚会是一种比较平实的社交方式，参与的人也大都是平辈。因此在聚会宴上敬酒，说的祝福语一般比较自由，只要表达出内心的真情实感即可。当然，也会有特殊情况，如师生聚会、企业年终聚会等，会有老师或领导的参加，因此要比一般的朋友聚会更庄重一些。这时，我们的祝酒词除了要表达祝福之外，还要表达对老师、领导的敬意和感谢。

　　下面这些名家名句可用在聚会的祝酒词中。

　　（1）友谊是一种温静与沉着的爱，为理智所引导，习惯所结成，从长久的认识与共同的契合而产生，没有嫉妒，也没有恐惧。

——荷马

　　（3）不论是多情的诗句，漂亮的文章，还是闲暇的欢乐，什么都不能代替亲密的友情。

——普希金

　　（3）人的生活离不开友谊，但要得到真正的友谊却是不容易的。友谊需要用忠诚去播种，用热情去灌溉，用原则去培养，用谅解去护理。

——马克思

　　（4）友情是天堂，没有它就像地狱；友情是生命，没有它就意味着死亡。

——威·莫里斯

（5）大丈夫处世，当交四海英雄。

——《三国志·蜀书·刘巴传》

（6）人生所贵在知己，四海相逢骨肉亲。

——萨都剌《留别同年索士岩经历》

（7）山河不足重，重在遇知己。

——鲍溶《杂曲歌辞·壮士行》

应酬策略

聚会宴是亲友之间交流信息的重要场合，不可故作矜持，一言不发。应把握时机，主动选择自己感兴趣的对象进行交谈。对于旧友，要勤打招呼，不要让对方觉得你对他的感情有所淡化；对于想要结识的新朋友，则要勇敢地上前做自我介绍，打开社交的格局。

庆功宴：荣耀铸就事业峰

关于庆功宴的起源，有一种说法是从古代的军队流传开来的。古时，军中本来是禁酒的，但是军人们长年在外征战，背井离乡、离妻别子，随时都有可能见不到亲人的最后一面，因此他们对来之不易的胜利十分珍惜，每次都要大摆庆功宴，这就是喝庆功酒这一习俗的由来。至于今天的庆功酒，早就已经不是战争胜利的豪饮特权了，企业经营取得一定成果、商务合作圆满成功、工程项目顺利交付、会议圆满闭幕等，都要摆庆功酒。

庆功宴的主题就是庆祝事业的成功，因此人们喝起酒来也更加意气风发、豪气干云。庆功宴上的祝酒词也应围绕这一主题展开，开头要简要说明当前取得的成就，并予以适当的评价，继而对功劳卓著的人员表示感谢。主体部分没有统一的形式，一般要根据集体的情况借题发挥，如公司庆功宴可以回顾员工的艰辛付出，学校庆功宴可以表彰老师们爱岗敬业的事迹等。而末尾一般以号召、希望的形式作结，能够对与会成员起到激励、教育的作用。

范文：某校高考庆功宴祝酒词

致辞人：校长

尊敬的教育局领导、全体教职员工：

大家好！

"自古逢秋悲寂寥，我言秋日胜春朝。"在这个收获的季节，我们怀着无比激动的心情，在此隆重举行××中学二〇××年高考庆功宴。首先，我要向这些年给予我校支持和指导的教育局领导致以诚挚的感谢！并向取得累累硕果的毕业生表示祝贺！

二〇××年，在各位师生的共同努力下，我校高考捷报频传，终于突破了升入重点大学人数的历史记录。其中理科升入重点大学的人数为××名，占我市第一名。我校胜利挺入省20强，如此辉煌的战绩，离不开教育局和学校领导的正确引领，更离不开全体师生的辛勤付出。此时此刻，请允许我代表学校向鞠躬尽瘁的高三班主任、科任老师，向刻苦求精的高三毕业生致以衷心的感谢和崇高的敬意！

最后，我提议：让我们共同举杯，为二〇××年的高考大捷，干杯！

俗话说，"人逢喜事精神爽"。不管是商务上的合作成功，还是学业上的毕业升学，都是值得庆祝的事情。因此，人们才会举行隆重的庆功仪式，这并不是为了炫耀，而是借此机会向功臣致以敬意，进一步深化集体荣誉感和凝聚力。那么，庆功宴上的祝酒词就应该紧扣这一主题，每一句话都要能够激发人们的雄心壮志，给人以鼓励慰勉。

一、公务庆功宴上的祝酒词

（1）业著光荣榜；花开报喜春。

（2）功高且把云为鉴；誉重宜将岭作师。

（3）壮志凌云英雄奇迹惊天宇；凯歌动地时代新潮奏乐章。

（4）同志们，鲜花献模范，美酒敬英雄。让我们共同举杯，为我们自己的模范人物和最具活力的企业，为我们自己评出来的英雄干杯！

（5）××和××联手，堪称所向披靡。来，让我们为这对黄金搭档干一杯！

二、升学庆功宴上的祝酒词

（1）苦经学海不知苦；勤上书山自恪勤。

（2）书山高峻，顽强自有通天路；学海遥深，勤奋能寻探宝门。

（3）跬步启风雷，一朝大展登云志；雄风惊日月，十载自能弄海潮。

（4）为理想奋斗，值得；为青春拼搏，无悔；为生命歌唱，最美。新起点，祝你绽放光彩，永不止步，向前冲！

（5）无论风光与失意，把它留在过去；无论希望与梦想，把它行动在今天；无论幸福与美好，把它展现在明天。新起点，加油！

道贺雅词：鱼跃龙门、蟾宫折桂、状元及第、独占鳌头、雁塔题名、金榜题名、名列前茅……

应酬策略

庆功就是庆祝值得高兴的事情，既然如此，那就不要揪住别人的瑕疵不放。任何人做任何事都不可能毫无差错，只要最终的结果取得成功，其中有些不完美的细节也是可以原谅的，所以对他人，特别是合作伙伴在工作中的失误，最好不要提及。记住成功，忘掉遗憾，这才是庆功宴的主题。

答谢宴：涌泉以报滴水恩

感恩，是我们在社会交际中必不可少的一种感情。俗话说，"滴水之恩，涌泉相报"。在中国的优秀传统文化熏陶下，我们更应该对施与恩情的人感恩言谢，这是中国式社交的基本礼仪，比如公司答谢客户，学子答谢恩师等。不管是哪种答谢宴，酒杯中都盛满了浓浓的谢意。一杯答谢酒，不仅会使彼此的关系更进一步，有时还能带来意想不到的机遇。懂得感恩的人，他的人生也将会呈现不一样的色彩。

自古以来，中国人就讲究知恩报德、礼尚往来，因此人们常说"谢谢"，或揖拳，或鞠躬，或致感谢信，终归离不开一个"谢"字。如果是在正式的宴会场合，那么仪式也就更隆重一些，在开宴前一定要温文尔雅地致答谢词，也就是答谢宴上的祝酒词。

答谢宴上的祝酒词根据所答谢内容的不同，分为两种情况：一种是"谢恩型"，即答谢对方的实际帮助，这类祝酒词最为常见；另一种是"谢遇型"，即答谢对方的礼遇，一般用于宾客告别时答谢主人的热情款待。

在答谢宴上致祝酒词一般注意几点：第一，感情一定要真挚，答谢对方时要动真情、吐真言，切不可矫揉造作，招致对方的反感；第二，不宜对对方的具体做法妄加评论，因为要答谢的是对方与人为乐的精神品质，至于具体的帮助，或大或小，都不应斤斤计较，否则有得寸进尺之嫌；第三，答谢仪式重在传达情意，不必像开大会一样上纲上线，致辞要短小精悍，文约旨丰。

范文：某商业大厦答谢客户酒会祝酒词
致辞人：公司领导

尊敬的各位来宾：

大家好！

在我们怀着愉悦的心情迎接新春之际，××商业大厦为答谢各位客户支持而举办的宴会也在此开宴。让我们为大家献上最真诚的感谢以及最真挚的祝福！

首先，我代表××商业大厦向这些年来给予我们支持和厚爱的新老客户朋友们致以深深的谢意，恭祝大家在新的一年里身体健康、万事如意！

在过去的一年里，××商业大厦能够取得喜人的业绩，离不开集团公司的领导以及客户公司的支持。随着各位客户对大厦各项服务的满意率上升，我们又推出了更多高质量的服务项目，并将以往的服务水平提高到一个新的水平。回望过去，百般艰辛都是值得；放眼未来，锦绣前程必将到来。在新的一年里，我们一定会再接再厉，用更高涨的服务热情回馈广大客户的厚爱，努力实现合作双赢的远大目标。让我们携手并肩，一起创造美好的明天！

再次祝福全体客户公司的员工新年快乐，祝各位事业辉煌、如日中天！

答谢宴上，敬酒也有一定讲究。对于普通的员工来说，要先敬同桌的领导，然后再敬自己的客户。向客户敬酒时，要先感谢对公司的信任，然后再感谢对自己的支持。敬酒时如果与对方距离较远，中间隔着别人，要起身绕到对方身后。如果是领导前来敬酒，一定要起身相迎，并主动将领导介绍给客户，不要把客户晾到一边自顾自地喝酒。此外，在答谢恩师等商务合作以外的人时，记得不要太商务化，在说祝酒词时要多一点文采，少一点市侩。

除了要分清对象之外，还要根据宴会进行的阶段选择恰当的祝酒词。在宴会刚开始的时候，大多用吉祥、优美的语言开头，作为感情铺垫。然后才正式表达感谢，感谢语要用简洁明了的语言说明感谢的内容。最后的结束语要展望未来，期待更加亲密的合作。

一、开篇词

（1）万里东风送暖，九州又是新春……

（2）烟花四月，春色迷人，在这生机勃勃、繁花似锦的季节里……

（3）缤纷五月，花香四溢，草长莺飞，在这个充满激情，放飞梦想的季节……

（4）在这个如火如荼、激情飞扬的火红七月，我们满怀激动的心情迎来了……

（5）灯火熠熠，谈笑晏晏，高朋满座，胜友如云，到处洋溢着一派吉祥喜庆的景象……

二、感谢语

（1）你们的到来让××蓬荜生辉，让××倍感亲切与自豪！

（2）××集团的之所以能够取得辉煌的成就，得益于各位××同人的大力支持，将来依然有赖于大家的继续关注和帮助。

（3）××集团与××集团的合作源远流长，双方多年来本着至诚、互信、多赢、发展的合作精神，取得了令人满意的丰硕成果，我们××集团将一如既往地与××集团携手共进，共谱厂商合作新篇章！

三、结束语

（1）昨日熠熠生辉，明天任重道远。让我们共同努力，再创佳绩！

（2）累累硕果，凝聚着二〇××年精诚的合作；前途坦荡，昭示着二〇××年辉煌的成就。

（3）在新的一年里，××公司的服务水平一定更上一层楼，绝不辜负广大客户对我们的信赖与支持。

应酬策略

答谢宴所邀请的都是对我们的成功起到巨大帮助作用的人，有客户，有领导，有恩师……在这些贵人面前，我们要表现出自己最完美的一面，因此答谢宴比其他宴会更加注重细节礼仪。对个人来说，细节决定成败。不仅如此，细节还能决定一个公司的发展，一个国家的外交形象……

第八章 ————

会说场面话，也是

一种涵养

说好场面话，宴会不冷场

生活中到处充满了宴会，过节、升学、结婚、开业、年会……只要一有值得庆祝的事情，大家就会找个机会聚在一起吃个饭，这是中国式社交的一种文化传统。而宴会的目的在于交流感情，而不是为了闷头喝酒，因此你一定要掌握一些切合场面的话语来调动大家的情绪，活跃宴会的气氛，这就是场面话虽然要逢场作戏但不可或缺的原因。

年底到了，某科技公司举行年终聚餐。该公司的员工个个都是顶尖的技术人才，一坐在一起就围绕各种高科技畅聊起来。只有老板不懂技术，仅凭借自己在金融投资方面的才能才发家致富。毫不意外地，老板找不到与员工之间的共同话题，在宴会上被孤立了。

服务员刚上完菜，员工们就运箸如飞，边喝边聊，好不畅快。这时老板站起身来，想要敬大伙一杯，但是招呼了几句都被员工们谈笑的声音淹没了。直到技术总监王权大喊一声"大家静一静"，大家这才安静下来，一双双眼睛看老板端着酒杯立在那里，场面十分尴尬。

这时不论是老板还是员工，面子都快挂不住了，就在这"山重水复疑无路"的时候，王权接着说道："大家别只顾着喝，先听我说两句，我知道，除了咱们的老板以外，在座的每一位同事都是技术'大牛'。"说到这里，大家一起抬头看着王权，饶有兴趣地听他要说什么，而老板却显得有些难堪。

王权继续说道："但是呢，不管咱们的知识多渊博，技术多精湛，要是没有老板提供的这个平台，咱们都要喝西北风。老板是知人善任的伯乐，是统领大局的领袖啊！所以，让咱们一起跟老板喝一杯！"老板和员工们全都喜笑颜开，共同举杯，一饮而尽。

就这样，王权的几句场面话成功化解了双方尴尬局面，宴会的场面顿时热闹起来，几位员工也纷纷主动跟老板谈笑起来。

王权的场面话巧妙地拿捏了老板和员工的心思，不但表扬了员工的技术本领，还衬托了老板的管理才能，这让老板和员工都兴高采烈，可谓将场面话说得面面俱到。那么，在实际的宴会上，如果出现类似的状况，我们该如何活学活用呢？

首先，宴会上人多口杂，经常会出现一些令人尴尬的情况，如果没有人站出来打圆场，整个宴会的气氛都会十分沉闷。所以，要把场面话说得恰到好处，必须要学会随机应变，这样才能在气氛脱离正轨的时候，将人们的注意力重新拉回到宴会的主题上来。

其次，人们在谈论事情的时候，难免出现意见不合的情况，如果一直争论下去，恐怕就会发生冲突。这时不妨放下自己的好胜心，放下无谓的辩解和争吵，即使你是对的，说几句谦让的场面话也无可厚非。在冲突中率先退让的人才是令人尊敬的人，采用"以柔克刚、以退为进"的策略才能在交际场中游刃有余。

最后，要记得你说的场面话不要脱离宴会的主题，要让自己融入集体中去，尽量避免说与大多数人无关的小众话题。我们在宴会上可以就某一确定的话题扯得远一些，但不能一会说这儿，一会说那儿，颠三倒四、七拼八凑，这样会让人觉得你在卖弄自己的见识，略有装腔作势的嫌疑。

总而言之，说场面话要看准时机、展现风度、有的放矢。赞美之词也可以适当说一些，但不能过于夸大其词，信口开河，更不能用一些假大空的话来侮辱听者智商。

应酬策略

场面话不是越多越好，而要语言精练，随机应变。在宴会这种气氛热烈的场合，没完没了的废话只会招致大家的反感。我们要用简洁有力的话语触动听众的内心，这样才更容易达到讲话的目的。

话题投机，才能一拍即合

在宴会中，要影响、说服你周围的人，说几句恰当的场面话有着不可估量的作用，它可使你更顺或以更小的代价达到目的。人都有觅求同类或知音的倾向，要想使对方将你纳入知音之列，就必须看场面说话，投其所好，千万不能惹人反感。因此，我们应当学会在不同情境之下，与不同的人说话的技巧，以达到事半功倍的效果。

面对性格外向、喜欢交际的人，在宴会上当众与他们说话，一般不会有什么副作用；而与性格内向、胆小怕事、敏感多心的人交谈则容易产生副作用。此时，不妨单独与其随便聊一聊，才容易达到说服的目的。

求人时只一味地谈自己的事，并不停地说"请你帮忙，请你帮忙"之类的话，容易让人感到万分的嫌恶和不耐烦。假如想把自己的请求向对方说明，就应该先摆出愿意听取对方讲话的姿态来，有倾听别人言谈的诚意，别人才会愿意听你说话。

谈话的话题应该视对方的情形而定，再好的话题，若不能符合对方的需要，就无法引起对方的兴趣。最好是想办法引出彼此共同的话题来，才能聊得投机，然后再设法慢慢地把话题引导进自己所要谈论的范围里。

小叶毕业后做了一名编辑。有一次她需要向一位名作家邀稿。那位作家一向以难于对付著称，所以小叶感到既紧张又胆怯，心里惴惴不安。

开始邀约时并不成功，但小叶没有放弃，终于，这位作家应邀赴宴。宴会刚开始的时候，形势对小叶很不利。因为不论作家说什么话，小叶都说"是，是"或者"可能是这样的"，局促不安的他无法开口说明要求作家写稿的事。于是，他决定改天再来向他说明这件事，今天就随便聊聊天便结束这次宴请。

就在宴会快要结束的时候，突然间他脑中闪过一本杂志刊载的有关这位作家近况的文章，于是就对作家说："先生，听说你有篇作品被译成英文在美国出版了，是吗？"

作家猛然倾身过来说道："是的。"

他继续说道："先生，你那种独特的文体，用英语不知道能不能完全表达出来。"

"我也正担心这点。"作家饶有兴趣。

他们滔滔不绝地说着，气氛也逐渐变得轻松，最后小叶顺理成章地提出作家为他写稿的要求，作家也爽快地答应为他写稿子。

这位不轻易应允的作家，为什么会为了编辑一席话，而改变了原来的态度呢？因为他认为这位编辑并不只是来要求他写稿，他不仅读过他的文章，对他的事情也十分了解，不能随便地应付。所以，我们在跟人打交道的时候，不妨让对方以为自己对他的事非常清楚，这样不仅能拉近人与人之间的距离，还可以像那位编辑一样，在心理上占优势。

谈话的材料不要总是老生常谈，或是在家长里短的范围打转，这样不但容易使对方厌倦，同时也让自己"画地为牢"，限制住了自己。而无法拓展谈话的范畴，就不能进一步使对方了解自己，更不必说与对方进一步深入交往了。

所以无论谈到什么问题，都要把自己目光所及、脑中所思的传达给对方，对任何问题都能发表独到的见解是最重要的。但也不要夸夸其谈，显示自己什么都懂。

在宴会中闲聊，一般人都是说些身边琐事，这或许是想向对方表示亲切。而在正式的交谈中，不要把老婆、儿女当作谈话的资料。有些人习惯性地讲几句正经话后，就把话题扯到老婆、儿女的身上，像这种经常把老婆、儿女挂在嘴边的人，总给人目光短浅、胸无大志的感觉。

谈话先从政治、经济等比较严肃的题目开始，然后再涉及文学、艺术、个人的兴趣方面等比较轻松的话题。总之，将自己的观念见解堂堂正正地公布出来，使得彼此都能有共通的思想，才是最好的谈话。

谈话的语言要视对方的修养而选择，做到能雅能俗，而不要格格不入，才不会使对方产生反感。一个能够影响别人的人，一定要注重礼貌，用词考究，不致说出不合时宜的话，因为他知道不得体的言辞往往会伤害别人，即使事后再想弥补也来不及了。如果一个人举止稳重，态度温和，言辞中肯动听，双方自然能谈得投机。

应酬策略

在宴会中，要想赢得你周围人的好感，就必须时刻留意他的兴趣、爱好，明白他的意图，理解他的心思，这样才能投其所好，"对症下药"。然而，对手的意图往往捉摸不定，必须下功夫掌握他的心意，揣摩他的心理，然后尽量顺应他，甚至还能抢先一步，将对手想说而未说的话先说了，想办而未办的事先办了。

求人办事，场面要做足

　　长城不是一天砌成的，事情也不是一顿饭就能办成的。请客吃饭，求人办事，并不是每件事都能办成的。有时候饭请了，人求了，可是人家并没有承诺帮你办成，或者人家努力为你办了，但因为某种原因，事情没能办成，在这种情况下你该怎么办呢？是心中抱怨甚至责怪所求之人吗？不，你该做的是向对方说几句表示感谢的场面话，并且在适当的时候再次宴请对方以显示自己的诚意，这样对方会觉得你是个讲理之人，值得一交，接下来会更努力帮你办事。而且你这样做还为下次求对方办事铺好了路。

　　事情来临之时，利用亲戚关系解决是大家最容易想到的事，但是远亲不如近邻，面对已经疏远了的亲戚，求其办事千万要讲究策略。这个时候，最忌急于求成。因为一蹴而就的方法不仅起不了作用，反而会让对方产生"有事情了才来找我"的厌烦情绪，而采用循序渐进的方法，逐步使对方接纳你，才能收到你想要的效果。

小慧就快毕业了。在大学四年中，小慧一直都知道有位关系比较远的亲戚在学院里任教，但是，小慧从来没有去拜访过他，因为怕别人认为自己是在刻意讨好人家。现在快毕业了，同学们一个个都找关系、走后门，前程都有了着落，小慧也开始急了。

　　实在无计可施了，小慧只好硬着头皮，放下面子请那位亲戚吃饭。由于两人的关系都比较疏远，吃饭的时候场面就显得比较尴尬，那位亲戚没话找话地聊，谈到老家其他亲戚的情况，小慧也不是很清楚，就只好含糊其词。尴尬地坐了一个多小时之后，那位亲戚说："小慧，今天我还有点事，咱们下次再聊吧。"小慧一听这话就急了，事情还没有说就回去了，这顿饭不是就白请了，于是急急忙忙地说出了自己的目的。

　　听了小慧的话，那位亲戚的脸一下子绷起来了，说道："小慧，工作的事情，学校自有分配，我也不好参与什么。"小慧一时语塞，只好灰溜溜地回到了寝室。

　　也许这个时候很多人都会感叹人情的冷暖、世态的炎凉，但是，小慧的失败是在情理之中的，因为她在没有给对方一个心理接纳过程的情况下，就突然地提出请求，甚至连一句客套的场面话都没有，别人怎么能答应这么重要的事情呢？

　　还有一种情况就是你请了别人吃饭，别人也答应了要尽力帮你，但是天不从人愿，事情没有办成，这个时候你应该持什么态度呢？在饭桌上求别人办事时，许多人存在这样的心态，认为对方答应给自己办事并且办成了，理所当然地要感谢对方；假如事情没有办成，就是白请对方了，甚至埋怨对方。其实，这种心态是不对的。如果对方没有答应你，可能是他真的有现实的难处，暂时帮不了你；如果对方没有帮你把事情办好，那他也必定是尽了自己最大的努力。没有办成事，可能是有其他原因，而不是他的原因。因此，这种情况下你仍然需要感谢对方，再接再厉请对方吃饭，毕竟长城不是一天砌成的，事情也不是一顿饭就能办成的。

所以，这个时候，我们要理解对方的难处，也要好好感谢对方，最好是请对方再吃顿饭，对其说几句暖心的场面话，告诉他办没办成无所谓，大家明白他尽力了，哪怕只是善解人意地说一声"谢谢"，别人也会为你的事情继续努力奔走的。这样不仅维系了人际关系，也为以后的交往打下了坚实的基础。

如果别人为你办事历尽周折，但因种种原因没有帮你把事情办成，而你连句"谢谢"和鼓励的话都没有，那你就不要期望对方以后再帮你做任何事情了。要记住，你请别人吃饭是你自愿的，这不是别人给你办事的理由。如果别人没能一次性办成事，你该做的是谢谢人家的辛苦，而不是给别人白眼，觉得自己吃了亏。为了更快成事，也为了日后更好地求对方办事，你应该将宴会进行到底，不断在宴会上联络彼此间的感情，对方早晚会助你成事。

不要做餐桌上的"祥林嫂"

人们都说大自然赋予人一条舌头和两只耳朵为的是让人多听少说。如果你常常参加宴会，你会发现宴会中有这样一些人，他们似乎更应该和一些三姑六婆在菜市场去谈论东家长西家短，而不是在宴会上毫不顾忌别人的承受力，像个发动机一样，一经发动便滔滔不绝地发泄自己所知道的一切事情。尽管他们也是出于客套，但不看场合的客套话也不能称为场面话，而是废话。

在宴会交往中，每个人都希望别人能听自己说话，这是人的一种心理需求。如果一个人在交际中总是以自己为中心，口若悬河地谈论自己，就容易让人感到乏味和厌倦。所以，西方人常说："与人交谈，犹如弹弦一般，当别人感到乏味时，便要把弦按住，使它停止振动、发声。"当你忍不住要夸夸其谈的时候，请多想想它可能导致的恶果吧！

林然前去参加老同学女儿的10岁生日宴会。她一入席，就拉着几个好久没见的同学滔滔不绝地诉说她的婚姻生活，内容无非是"我老公他们单位今年又发了……""我儿子考了年级第一……""我婆婆真烦人啊，整天唠叨个没完，一会儿嫌我这个，一会儿嫌我那个……"见别人只是微笑应对而没有其他表示时，她可能觉得自己的描述还不够精彩和具体，便接着说："我这样一个气质美女没想到现在真的只能在家做饭带孩子了。"这时，一位同学接口说："结婚了，肯定是花在家人身上的时间多了……"还没等这位同学说完，林然又开始说起来了："要我说啊，婚姻就是爱情的坟墓，我老公追我那会儿……现在他每天半夜才回家……还有我那个婆婆……"整个宴会上林然都在向其他人抱怨婚姻生活的种种琐事，让人不胜其烦。其他同学心想："我要是你老公，也会半夜才回来……"

此后，只要在宴会上碰到林然，同学们都离她远远的，就怕她见着他们又没完没了地抱怨起来。

其实，林然参加宴会不过是想找一些人听自己发发牢骚而已，她根本意识不到自己正在向别人倾倒语言垃圾。殊不知，她这样做只会徒增别人的反感与厌恶，而不会得到别人的理解和共鸣。她就像一个蹩脚的三流演员一样，演着一出出乏味的家庭情景剧，完全暴露出自己的愚蠢和无知，给别人徒增生活的笑料而已。

在宴会中，语言交流要注意双方的互动，而不能是一方拼命地说，而另一方毫无反应，这样的沟通是无效的。要想在宴会上展示自己的语言才华，必须三思而后语，要迎合大多数与宴者的心理，及时调整说话的内容，千万不要让自己的舌头超越自己的思想，成为餐桌上的祥林嫂，把自己变成别人茶余饭后的谈资。

应酬策略

没有人甘愿当别人的垃圾桶，再说宴会不是闺房，与宴者也不都是你的闺蜜，没有那么多人喜欢听你的家长里短。一个总是絮絮叨叨的人是不招人喜欢的，就像祥林嫂一样，最后把别人的同情心都耗尽。所以，宴会之上还是适当闭嘴为妙。

私人宴会也不可出口成"脏"

现实生活中人们很容易受一些不良社会因素的影响,养成不好的习惯,比如大爆粗口,说粗话。很多人会说:"我跟一般人不会爆粗口,只有和关系好的人聚在一起了才会不拘小节地大爆粗口,大家都是很好的朋友,都知道彼此的性格,所以没什么大不了的。"

真的是这样吗?跟朋友在一起就可以"出口成脏"吗?大错特错!在任何时候,任何场合,爆粗口都是有伤大雅的,更何况在宴会之上。

沈涛大学毕业后就出国留学了,留学期间对以前的朋友甚是想念,学业完成后,他带着女友回国,于是,打算宴请几个很久没见的老同学。

吃饭那天,天下着大雨,看着酒店外面豆子大的雨点,沈涛心里有点不安。"都怪自己选这样的日子,老同学过来还真不方便。"沈涛在心里自责。

这时,一男一女相伴进了饭店,只听到男的说:"沈涛这小子可真会挑日子,他××的,这么大的雨跑到他××这么远的××饭店!真××!"

"你就少说两句,要是让沈涛听见多不好啊!人家好心好意请你吃饭,谁承想会下雨啊!"旁边的女的劝解着说。那男的不听,还是骂骂咧咧地说个不停。

见到沈涛之后,那男的也没有寒暄一番,直接劈头就骂:"沈涛,你这××小子,出国混了几年,真是××,还以为××死外头了呢,真××的……"什么叫脏话连篇,沈涛这回总算见识到了。

沈涛依然保持着自己的绅士风度,一个劲地说:"抱歉,没想到会下雨,给大家添麻烦了。"在场的老同学都说没事,就听刚刚那位男士又开始了:"沈涛,你这话说得就见外了,咱们是什么关系啊,老朋友了,你××不要以为我刚刚是××抱怨,你知道的,我××就是一大老粗,别××误会啊,没别的意思。"沈涛在一旁赔笑脸说:"不会,不会。"

沈涛虽然不在意,与宴的其他同学都低声议论道:"他怎么这样啊,也不看什么场合,一点儿不顾及咱们的面子。"

这时,刚才那位女士对那位脏话不断的仁兄说:"你别那样,这么多人呢,好好说话。"那位仁兄说:"没事,你不懂,咱们都××是老同学了,大伙儿不会介意的,是吧?"说完,他转身询问在场众人的意见,只见大家都面露尴尬,勉强点头。那位仁兄更得意了。自然，整顿饭脏话不绝于耳。

朋友聚会就可以"出口成脏"吗？很多人觉得，朋友关系好，都是自己人，不同于其他人，说话可以无所顾忌，想怎么说就怎么说；可是朋友也是人，难道你不该对其给予尊重吗？这位仁兄毫不注意场合，大放厥词，暴露出了自己的粗鄙与无知。他不文明的行为只会招致朋友们的反感与厌恶，下次谁还敢与他同桌共餐呢？

朋友聚会相对于其他社交宴会来说，氛围会轻松一些，可是这并不表示你可以毫无顾忌地大爆粗口，那样一方面会让朋友觉得尴尬，如果还有其他人在场，朋友会因你的不注重场合而怨恨你，懊悔自己结交了不该结交的人。另一方面，你也因此成为全场的中心，大家都在看你自我陶醉于自己的低级趣味，只会对你敬而远之。毕竟谁也不想与一个只会爆粗口的傻瓜待在一起。

因此，我们平常一定要注意养成良好的语言习惯，不可随意讲脏话。参加宴会更要注意文明礼貌，不可留给别人"出口成脏"的坏印象。

应酬策略

一个人如果看起来温文尔雅，打扮的貌似谦谦君子、温柔淑女，而说话却粗俗无礼，则会将你的形象全部摧毁，给人"金玉其外，败絮其中"的感觉。语言美也是评价一个人气质形象的标准，所以，平时要养成文明有礼的好习惯。

第九章

阅人无数，没有应酬不了的人

滴水不漏应对笑里藏刀之人

知人知面不知心，有时想要看出一个人最真实的那一面很难。古语有云，"无事献殷勤，非奸即盗"，人与人之间的相交都有一个相互原则，一个不熟的人，甚至是陌生的人突然之间对你极其亲密，大多数情况下都不见得会是一件好事。酒席如战场，席间，当你决定要相信一个人之前，一定要先对他进行全面的观察和考验，不要被表面现象所迷惑，否则，会让那些对你有不良企图的人乘虚而入。

韩平和孙辉是一起进公司的，两人的工作能力都比较强，平时两个人关系还过得去，需要合作的时候也能共同把工作做好。最近，公司有意提升一个人当部门经理，韩平和孙辉的希望是办公室里最大的，两人也暗地里把对方当作了竞争对手，表面不动声色，暗地里都各自使劲。

这个月，韩平的一个重要项目获得了圆满成功，庆功宴上大家都围着韩平祝贺。老总也当着众人的面大大地把韩平夸奖了一番，孙辉也走上前来把他恭维了一番。看到他笑容可掬的样子，韩平不禁为以前把孙辉当作竞争对手而羞惭，觉得自己是以小人之心度君子之腹了，于是毫无嫌隙地和他聊着，在众人的眼里，他们真的是一对好搭档。孙辉离开之后，韩平见孙辉和其他人笑容可掬地聊着天，不时地耳语几句，韩平也不以为意。

酒宴中途，韩平突然感觉周围的气氛开始有些异常，大家都在悄悄地议论着什么，他如堕五里雾中，不知原因何在。了解真相后的韩平怒气冲天，原来就是孙辉，别人眼里他的好搭档，无中生有地传播了许多对他不利的谣言，诸如"道德败坏""暗箱操作"等。亏得自己刚才还在责怪自己，原来他是这样的小人，下次可要对这个人多防备点了。

不难看出，孙辉就是一个笑里藏刀的小人，在取得韩平的信任后却狠狠地捅了韩平一刀，使本来光芒四射的韩平一下子成了人人防备的阴险小人。如果在宴会上韩平能够坚定自己的立场，对他有所防备，和他保持距离，让别人看出他们之间的嫌隙，也许别人会觉得这是孙辉对韩平的报复，会对流言产生怀疑，然而，此时，这样的话出自他的搭档口中，让人不得不信。

由此可见，看人不能只看表面，往往那些表面显得温和谦恭，很是大度的人，实际上却是心胸狭窄、喜欢猜忌、阴险狠毒的小人。不要一味地给自己一个"对方是善良的"这样的假设，因为每个人都有私心，你无法阻止他们可能利用你的善良去达到自己的某些目的，所以千万不可掉以轻心，被小人利用。如果你在宴会上发现有下述几种人围绕在你的身边，就一定要加倍小心了，因为他们十有八九是笑里藏刀的人。

第一种，他们的经历曲折动人，甚至就像电影里的情节一样，波澜起伏，比如苍凉的身世，婉约而凄美的爱情故事，遇人不淑的人生际遇。

第二种，他们常常自称跟你的经历出奇地相似，每当你说到某件事的时候，他们就会应和，总是给你一种"同是天涯沦落人"的感觉。

第三种，他们处处总要跟你一样，比如，本来你们从外在到内在，都有着显而易见的差异，但他们总是殷勤地说："咱们相似得就像双胞胎啊！"或者他们的口头禅是"我跟你简直是一模一样……"

第四种，总是对你表现出过分的热情，喜欢给你一些小好处，当你说想认识宴会中的某个人时，他们会不顾你需不需要地提出帮助你引荐，却从没付诸到实际行动中。

第五种，没来由地拉拢你、依赖你，甚至为你安排一些活动，喜欢说"咱们下次一起去……"表面听上去，他们好像很热心，但实际上，如果你真的去做了，他们就会变着法子排斥你了。

另外，那些喜欢笑里藏刀的人，在宴会上，一般喜欢低着头，不太去正视别人的眼睛，目光闪躲不定，说起话来总是会有诸多修饰之词，而且他们笑起来的时候，显得很紧绷，不够放松。通常情况下，他们举止都显得很轻浮。应对笑里藏刀的人，最好的办法是表面上跟他维持友好关系，暗地里却要防范他，与他的交往只限于公事上的交流，个人隐私甚至其他事都一概守口如瓶。只要你能做到滴水不漏，他就对你无可奈何，不再纠缠你了。

应酬策略

　　小人们利用你的善良，目的是想让你服从自己，在自己设计好的圈套里行事，以此达到获得利益的真正目的。所以，在宴会上，不要随意让自己的同情心泛滥，那些和你有利益冲突的人不会无缘无故地突然冰释前嫌，所以，不要让一时的表象使自己麻痹大意，让别人有机可乘。

敬而远之应对自私自利之人

为了在社会中立足，明哲保身无可厚非。古人云："各人自扫门前雪，不管他人瓦上霜。"这句话原本是让人不要理分外的事，要专心打理自己分内的事，但这在很大程度上，反映出了人自私的一面。在宴会中，难免遇到自私自利的人，这种人心中只有自己，凡事不肯牺牲，总是把自己的利益放在前头，只要在生活上、交往或在工作中涉及一些利害问题时，其自私的本质立刻会暴露无遗。更有甚者，在和自己的利益没有冲突的情况下，做一些损人不利己的事情，让人不得不怀疑其人品有相当大的问题。

当然，自私自利的人在一般情况下，在没有利益冲突时，不会对你不利，其自私自利的一面不易被人发觉，但在日常生活中我们也不难发现谁是自私自利的人。比如从不吃一点儿小亏，一伙人吃完饭之后总是缩在后面不愿买单，或者是眼见别人犯错，不但不提醒别人，更不会拔刀相助，甚至是嘲笑别人。一旦有人向你嘲笑某人犯错也不自知时，你便要小心这个人了，因为，他绝对是个不折不扣的自私自利之人。

一次，公司举行年终晚宴，小竹和小梅一起进场。过了一会儿，小梅见到一个熟识的客户便走了过去交流，小竹留在原地与几个同事聊着天。这时，同事小佳走过来对小竹说："你怎么跟她一起来啊？"

"哦，我们在楼下碰到了，就一起上来了，怎么了？"小竹不以为意地说。"啊？你都没注意啊，她的肩带系反了，她肯定不知道，还跟客户有说有笑呢！等她发现了，一定哭死，呵呵！"小佳幸灾乐祸地说。小竹听了，表面不动声色，但她心里明白以后对于自私自利的小佳该敬而远之了。

这样的宴会，与宴的人都是业内熟人，稍有不慎就会将自己好不容易建立的美好形象推翻，小梅的疏忽让自己陷入尴尬的境地而不自知，作为同事的小佳，发现了这个问题，悄悄地告诉小梅也只是举手之劳而已，然而小佳却选择了冷眼旁观，甚至是嘲笑小梅，这将她的自私自利表露无遗。

应对这种自私自利的人，最好任何时候都对他们保持一种敬而远之的态度。当然，这种人虽惹人反感，招人讨厌，但如果不害人，对整个宴会也没什么损害。

人们之所以普遍地对这种自私自利的人感到厌恶，在很大程度上是因为人们仅仅按道德标准去衡量人，以其作为社会交往的准绳。虽然这可能有些片面，但是当我们以一种利益标准作为社会交往的尺度时，你就不应对他们采取一种"敬而远之"的态度了。况且，每个人都有自己的优点，使其发扬优点，也可以给人带来收益。所以，你完全可以利用宴会这一特定的场合，巧妙地利用这种人助你成事。所以，也不应该将他们一棍子打入"冷宫"。

应酬策略

自私自利的人心中只有他自己，你大可不必对他们抱有太高的期望，也没有必要希望他们能够像朋友那样以义为重、以情为重。与这类人的交往关系可以只是一种交换关系。

小心谨慎应对深藏不露之人

参加宴会的时候，最难交往的不是前面说的笑里藏刀之人，也不是自私自利之人，而是深藏不露之人。

面对深藏不露的人，你很难猜到他们心里在想什么，而他们也不会轻易让你知道他们在想什么。这种人，我们看不透他们的心思，但在宴会中有时又不可避免地要和他们打交道，那么，该如何应对呢？

深藏不露的人防范心理极强，他是一个非常工于心计的人，他为什么有这么深的城府呢？大多数情况下就是为了在与别人打交道时获得主动，或者出于某种目的不愿让别人了解自己，而把自己保护起来。

深藏不露的人最忌讳的是别人太了解他，看穿他的心思，他们总是说着不着边际的话，一谈到正题就顾左右而言他。但是，他却乐于更多地了解对方，从而在各种矛盾关系中周旋，使自己处于不败之地，所以他在宴会中会扮演老好人、和事佬的角色。

对于深藏不露的人，你应该有所防范，警惕不要为其所利用，成为他的工具，不要让他得知你的底细，从而对你产生不利影响。

这天是马涛父亲的60大寿，平常和马涛有业务关系的人都去祝寿了，林枫也不例外。

在宴会上，林枫发现有一个人和所有人都聊得来，他对每个人都很友好，对餐桌上的每个人都照顾有加，时刻都彰显着自己恰到好处的风度，于是林枫也想着去和他聊聊，或许还可以结识一个朋友。

林枫端着酒杯向那个人走去，礼貌地相互问候之后，林枫却明显地感觉到这个人不是自己想象中的那样友善简单，虽然他极力伪装，但是林枫还是感觉到了他和自己交流时的防备。

林枫自觉无趣，和这个人简单交谈了几句就找了个借口离开了。也许是好奇心作祟，林枫不时地观察那个人，他发现那个人自始至终都保持着恰到好处的风度。

林枫总觉得这个好好先生并不是他表面看到的那样，他的眼睛深邃得仿佛看不见底的湖水，语言极为含蓄，不管林枫说什么他都波澜不惊，应答得滴水不漏，他的城府深得让人望而却步。

是林枫想多了吗？其实不是，种种迹象表明，林枫遇到的这个人很可能是个深藏不露的人。

深藏不露的人自我保护意识很强烈，造成他们自我保护的原因有很多，也许他是一位曾经经受过挫折、打击和伤害的人。过去的经历使这种人对社会、对他人有一种强烈的敌视态度，从而对自己采取更多的保护。

一般来说深藏不露的人有两种。一种人是在人际交往中总是不显山、不露水，但是，这种生活方式不过是他们自我保护的手段罢了，一般不会对人产生伤害。对于这种人，你应该选择与其坦诚相见，以真诚感动他。这种人并不是为了害人，而是为了防人。你对他不应有什么防范，为了真正达到沟通的目的，甚至可以对他敞开你的心扉，让他对你放松戒备，甚至对你产生好感，这样，你和他的进一步交流就顺理成章了。

还有一种人是他可能对某些事情缺乏了解，拿不出更有价值的意见。在这种情况下，为了掩饰自己的无知，以不置可否的方式或含糊其词的语气与人交往，装出一副城府很深的样子。对这种人你不必有什么太高的期望，也不必要求他提供某种看法或判断，你大可以顺应他的深沉，看穿不说穿，既保全他人的面子，又彰显自己的风度，为自己获得好人缘。

总而言之，面对真正城府较深的人，如果必须与他们交往，最好的办法就是凡事谨慎，然后再决定自己该怎么做；千万不要冒冒失失，断了与其交流的途径，这样就得不偿失了。

应酬策略

　　事实上，在宴会上的人际交往的目的是了解彼此情况，以利于相互的合作或问题的解决。因此，彼此都会挖空心思去刺探对方的情报，以期使对方露出他的"庐山真面目"来。但是与深藏不露的人交往时，你只有把自己预先准备好了的资料拿给他看，让他根据你所提供的资料，做出最后的决断。

笑而不语应对搬弄是非之人

　　喜欢搬弄是非的人在宴会中会表现得相当活跃，他们出席宴会不为别的，就为挖空心思打探别人隐私，东家长西家短地在背后说别人的坏话，仿佛狗仔队一样，除了无事生非，就是故意找借口与人争执，以此打响自己在宴会中的知名度。

　　搬弄是非的人和自私自利的人一样，喜欢把自己的利益放在第一位，但其思想非常狭隘，有幸灾乐祸的病态心理，他们在宴会过程中总是以挑起事端为己任，意图在别人分歧之间谋取个人利益。他们往往主观臆断、妄加猜测；他们幸灾乐祸，干涉别人的隐私；他们叽叽喳喳，不负责任地传播小道消息。另外，他们在搬弄是非的同时嘟嘟囔囔，似乎对什么都不满意，无论大事小事，都是牢骚满腹。但是，尽管他们表现得如此，你也不可信以为真，甚至对他们表示理解和安慰，那样只会中了他们的圈套，成为他们搬弄是非的主角。

阿敏去参加一个朋友的宴会，一去才知道，大多数人都不是很熟，阿敏感觉有点局促不安。这个时候，一个叫小雨的女孩主动跟她聊起天来，阿敏顿时没有那种紧张感了。

　　阿敏本来不是个善于言谈的人，但是小雨非常活泼，阿敏觉得跟她在一起很轻松，于是就跟她天南地北地胡侃起来，两个人说得正开心，一个女孩迎面走来，向她们微微颔首，举止端庄娴雅，人也长得极美，阿敏见人家跟自己打招呼，于是也笑了笑。

　　那个女孩刚转身，小雨就贴着阿敏的耳根说道："你不认识她啊，她叫兰心，看起来斯斯文文的，本性可不是这样的，听说有两个男人为了她大打出手，还差点出人命！"

　　阿敏笑了笑，她知道八卦是女人的天性，也就不以为意。

　　没有想到的是，小雨见阿敏不相信的样子，滔滔不绝起来，把兰心祖宗八代的事情都翻出来讲了一遍，最后，小雨见阿敏自始至终都微笑着倾听，不发表任何意见，才没有了再说下去的兴致。

　　阿敏的做法极其聪明，面对小雨这样爱搬弄是非之人，她并没有参与其中，用不发表任何意见的方法把自己置于是非之外。是是非非几乎存在社会的每一个角落，可能你是一个很有正义感的人，忍不住要斥责搬弄是非的人几句；也有可能你是一个眼里容不下任何沙子的人，听到别人张家长李家短的就会拂袖而去，但不管你是怎样的人，奉劝你一句，是非不要轻易招惹，搬弄是非的人也不要轻易得罪，这种时候，我们要以保护自己为最终目的，不为自己埋下安全隐患。

搬弄是非的人最明显的特征就是油嘴滑舌，他们往往很会说话，很会套近乎，很通情达理，擅长以三寸不烂之舌"玩转"会场，并在短时间内获得比较好的人缘。所以，人们有时会把参加宴会的主要目的告诉他，或者把在场的某位曾有过生意往来人士的褒贬评价和是非好歹也倾囊吐出。用不了几分钟，此话便被传扬出去，全场的人都知道了，而且他会在你的原话基础上添油加醋，力求夸张，将你和其他人的关系弄得越来越紧张。结果是，你因一言之失，不仅得罪了两个人，还使更多的人对你顾忌重重。那么，你该怎样应对这种人呢？

一、沉默是金

与好搬弄是非的人相处时，一定要注意，涉及他人是非的话不说，关系到自己利害的话不说，不给挑拨离间者留下任何可利用的把柄和作料，让他无处下手。如果是为了工作上的交流，你可多谈积极的，少谈或不谈消极的，或者讲些好听的话，以进一步促进彼此间的合作关系，但决不牵连任何人际关系。

二、善意规劝

在背后议论别人是一种不道德的行为，所以在适当时候，你可以见机帮助搬弄是非的人改正不良习惯。帮助搬弄是非者改正恶习，行之有效的办法是尊重对方，以朋友式的态度进行善意的规劝；同时，巧妙地引导对方获得正确认识人的方法。比如，当对方谈论他人时，可以先顺着对方的话音，谈谈这个人确实存在的缺点，然后再谈这个人的长处，从而形成一个正确的结论。不过你善意的规劝也要适可而止，如果对方冥顽不灵，毫不领情，你也不必太过执着，否则容易弄巧成拙，让对方记恨于你。

三、不予理睬

当自己成为别人的议论焦点的时候，如果你知道对方搬弄是非恶习已成为他的性格特征，那你就干脆不必理睬他。"走自己的路，让别人说去吧！"千万不可一听到搬弄是非的话，就立即去找那人对质。这样会使大家都很难堪，解决不了根本问题。更不要一时性急，去找那人算账，打起来那就更难堪了。这样也会使大家把你和他等同起来，看成没见识的人，你和他便因此成了宴会上的两个小丑。

谁人背后不被人说，谁人背后不说人。人生在世，难免被人议论，明白了这一点后，我们要努力做一个为了自己的理想而活着的强者，而不要做一个被议论所左右的弱者。

应酬策略

　　宴会上，有些人心胸狭窄，十分小气，又善于嫉妒，所以因为某些事情而恶语中伤他人是常见的事情。三十六计走为上计，面临是非之境，逃离是最佳方法。当你察觉到别人在你面前搬弄他人是非的时候，你可以见机转移话题，也可以找一个合理的借口远离此人。

宽厚平和应对尖酸刻薄之人

尖酸刻薄的人，往往爱取笑和挖苦别人，挖人隐私不留余地，冷嘲热讽无所不知，直到对方颜面丢尽才肯罢休，所以，在宴会中，很少有人愿意与他们交往。

在宴会之上，谁都无法避免尖酸刻薄话的侵犯，就算是最好的朋友，有时也可能由于某些原因而说出一些伤人的话。在这种情况下，最好学得脸皮厚一点。既然人人都有这种缺点，又何必去计较呢？锱铢必较，只会让自己平添烦恼而已。

所以，当你听到尖酸刻薄的话时，不妨用宽厚平和的心态去对待，虽然你知道那话是冲着你来的，但如果你这样想：那句话实际上与你无关，你也就自然能平心静气地对待，一笑了之了。记住，有一颗宽恕之心是重要的生存之道，在宴会中尤其适用。

这天是公司的年终晚宴，不但公司里的人全都参加，还请来了不少业内人士。办公室里的同事都很兴奋，女同事更是精心打扮，都想成为宴会上的焦点，萧晴也不例外，为此，她特意戴上了刚买的别致胸针。

的确，那天的萧晴确实吸引了不少目光。酒宴中途，萧晴正在和几个客户聊天，这个时候，一位不认识的女士也加入到他们这个圈子里，彼此寒暄了一番后，她和萧晴更是亲热。聊着聊着，忽然她指着萧晴的胸针说道："你这枚胸针是商场里正在打折的吧？"萧晴听了并没有生气，笑着说："你怎么知道，你的眼光可真准，我前几天刚知道打折，特地去买的，你也去看了吗？"那个女士接着说："是啊，前几天我刚看过，挺好看的，只是一打折就掉价了。"萧晴也不以为意，说道："其实这个胸针也就值现在这个价，我买东西有一个原则就是物有所值，钱不好挣啊，要精打细算。"萧晴说完还自嘲地笑了笑，其他人都觉得萧晴说得有道理，跟着附和。那位女士也讪讪地随声附和道："萧小姐说得有道理。"

遇到尖酸刻薄的人，最好别把他的话当真，一笑了之是最好的办法。你大可以像萧晴这样，持开玩笑的态度，化解掉自己的尴尬。同时，还应尽量和他保持距离，不要惹他。万一吃亏，听到一两句刺激的话或闲言碎语，就装作没有听见，千万不能动怒，否则可能会招惹麻烦上身。

对待尖酸刻薄的人，除了一笑了之外，还有一个方法是不论他说什么你都不必动怒，反而顺着他的意思说下去，这也是与之抗拒的一个有力武器。比如他刻薄地说："你今天怎么穿得花里胡哨的。"你可以这样笑着回答："我想做个小妖妹，你看好吧？"像这样的应对，既显出你的修养和素质，也避免了对方的得寸进尺，同时还可以调节宴会的氛围。

虽说恶人还需恶人磨，但作为宴会中的一员，你有责任维持宴会的友好氛围，而且你不是为斗嘴而来赴宴的，不是吗？所以不要与那些尖酸刻薄的人计较，保持良好的心态，去完成你赴宴的使命，让他们自讨没趣去吧！

应酬策略

尖酸刻薄的人，天生一副伶牙俐齿，得理不饶人。宴会上，能够勇敢地对抗他的刻薄而又不至于反唇相讥，实在不是一件容易的事。一个有效的办法是不要回避，而采取直截了当的反问；另一个办法，就是当着其他参加宴会者的面要求对方解释他的话。一旦嘲弄你的人知道你看穿了他，也就自觉无趣，不会再骚扰你了。